TV동화 행복한 세상 7권 오른쪽 페이지 위쪽에는 시각장애인을 위한 음성인식 바코드가 있습니다. 별도의 음성인식 기기를 이용하여 바코드를 읽으면 본문의 내용을 소리로 들을 수 있습니다.

TV동화 행복한 세상

TV동화 행복한 세상 7

기획·구성 | 박인식(KBS 한국방송 PD)

샘터

외롭다는 생각이 들면
주위에 있는 것들에게
다정하게 말을 걸어 보세요.
나무이든 집이든 해님이든 산이든 강이든
말을 걸면 마음이 통하게 됩니다.

친구처럼, 형제처럼
상대방의 얼굴을 살피고, 마음을 헤아리며
가만히 말을 건네 보세요.
"늘 내게 따뜻하게 대해 줘서 고마워."

내 마음의 목소리를 담아 소중한 _____님께 드립니다.

| 차 례 |

1_ 아버지의 특별한 셈법

이젠 배달시키지 마세요·10 크리스마스 천사·14
10년 후의 나에게 보낸 편지·18 아버지의 특별한 셈법·22
하늘로 보낸 문자메시지·28 우산이 되어 주세요·32
청첩장 편지·36 아버지가 수상해요·40
교민이의 새 생명·44 빛이 나는 그림·48

2_ 좋아하는 소리가 생겼어요

가장 값진 이별 선물·54 이곳에 주차하지 마세요·58
아들이 건넨 커피 한 잔·64 반지를 찾아서·68
좋아하는 소리가 생겼어요·74 도시락 씻는 남자·78
신혼여행에서 만난 소나기·82 엄마의 건망증·88
잊지 못할 설교·94 장수의 비결·98

3_ 오백 원짜리 통닭

지하철에서 만난 부부·104 오백 원짜리 통닭·108
수술 뒤의 약속·112 어머니와 이모님·116
발 씻겨 주는 아빠·120 연습 벌레·124
이분이 내 어머니야·128 우리 마을 공터·132
꿈꾸는 우유·138 건강 방귀 가족·142

4_ 되찾은 약손가락

세상에서 가장 맛있는 라면 · 148 파란 해님 · 152
교장 선생님은 간식 요리사 · 156 되찾은 약손가락 · 160
아내의 아버지, 딸의 시아버지 · 164 기러기 아빠의 편지 · 168
생애 첫 골 · 172 마음의 눈으로 보면 · 176
행복은 사랑 반 미움 반 · 180 가난한 소년의 선물 · 186

5_ 5년 만에 찾아온 손님

남편의 거짓말 · 192 모닥불 우정 · 196
기다려 준 것뿐이에요 · 200 5년 만에 찾아온 손님 · 204
엄마의 궁상 · 210 표어가 된 사직서 · 214
딸을 위한 마라톤 · 218 아름다운 수다 · 224

〈TV동화 행복한 세상〉 원작 목록 · 229

1

아버지의
특별한 셈법

큰오빠는 일 번, 둘째 언니는 이 번, 나는 삼 번…….
아버지는 그렇게 이름 대신 숫자로 자식들을 구별해
쌀을 보낸 달을 꼼꼼하게 적어 오셨습니다.
바로 이것이 글을 모르는 아버지만의 특별한 셈법이자
자식 사랑법이었던 것입니다.
아버지의 삐뚤삐뚤한 숫자 앞에서 나는 한때
아버지를 무시했던 생각이 떠올라 눈물을 흘렸습니다.
"아버지. 정말 죄송해요. 아버지…….”
아버지가 못 견디게 그리운 날이면 지금도 나는
하얀 쌀을 씻으며 아버지를 떠올립니다.

이젠 배달시키지 마세요

그녀는 몸의 왼쪽 부분을 쓸 수 없는 지체장애인입니다.

지팡이에 의지해야만 걸을 수 있었지만 자신과 처지가 비슷한 사람들을 위해 복지관 봉사를 시작했고, 그곳에서 평생의 반려자를 만났습니다.

그녀의 남편은 오른쪽 발가락만 움직일 수 있는 뇌성마비 장애인입니다. 어렵게 마련한 신혼집은 지하에 있어서 많은 계단을 오르내려야 했습니다. 그래서 누군가 도와주지 않으면 부부는 대문조차 나설 수 없습니다.

그날도 친정아버지의 도움을 받아 어렵게 외출했지요. 그런데 집을 지척에 두고 난감한 상황에 처했습니다.

"미안하구나. 갑자기 집에 급한 일이 생겼다고 하네. 내가 자원봉사자한테 연락해 놓을 테니 집 앞에서 잠깐만 기다리고 있어라. 알았지?"

아버지가 황급히 떠나고 부부는 집 앞에 우두커니 서서 봉사자를 기다려야 했습니다. 하지만 해가 지

고 날이 저물도록 도와줄 사람은 오지 않았습니다. 문제가 생겼다고 생각한 그녀는 번뜩이는 묘안을 내놓았습니다.

"여보. 우리 치킨 배달시켜요."

그녀는 전봇대에 붙은 광고지를 보고 치킨 반 마리를 주문했습니다. 배달원이 오자 그녀는 돈을 건네며 어렵게 부탁을 했습니다.

"저기 죄송한데요. 저희가 몸이 불편해서 혼자선 집에 들어갈 수가 없거든요. 제 남편을 현관까지만 데려다 주시면 안 될까요?"

젊은 배달원은 남편을 휠체어에서 번쩍 안아 들더니 두말없이 방 안까지 데려다 주었습니다. 그 후에도 비슷한 상황에 처하면 그녀는 종종 치킨을 주문하면서 배달원에게 도움을 청했습니다. 어느 날 그동안 힘들다는 말 한마디 없이 묵묵히 도와주던 청년이 마침내 속마음을 드러냈습니다.

"저, 앞으로는 치킨 반 마리 배달시키지 마세요."

그녀는 드디어 올 것이 왔다고 생각했습니다.

"정말 죄송해요. 그동안 힘드셨죠? 이러면 안 되는 줄 알지만 도움을 청할 데가 없어서요."

하지만 청년은 멋쩍은 표정으로 손을 저으며 말했습니다.

"그게 아니라 치킨 안 시켜도 된다고요. 도움이 필요하면 그냥 부르세요. 그럼 금방 달려올게요."

치킨 배달원 청년의 말은 늘 외톨이라고 여겼던 부부에게 더없이 든든하고 따뜻한 위로가 되었습니다.

"고맙습니다. 저희에게 큰 힘이 됐어요."

불편한 몸뿐만 아니라 상처 난 마음까지도 따뜻하게 감싸 주는 청년에게서 그녀는 진정한 사람의 향기를 느꼈습니다.

크리스마스 천사

매해 크리스마스에 열리는 성극(聖劇)의 주인공을 뽑기 위해
주일학교 선생님이 아이들을 예배당으로 불렀습니다.

예배 시간에 곧잘 졸거나 장난을 치던 아이들이지만 이날만큼은 주인공으로 뽑히고 싶어서 그런지 의젓하게 보이려고 애를 썼습니다.

선생님은 아이들을 둘러보다 요한이가 눈에 띄자 여간 고민이 되는 게 아니었습니다. 올해 열 살이 된 요한이는 선천적인 정신장애로 말을 잘 못하는 아이였습니다. 선생님은 일 년 동안 주일학교에 한 번도 결석하지 않은 사람에게 배역을 준다고 약속을 했는데 요한이도 그런 개근자 중 한 명이었습니다. 요한이에게 배역을 주자니 잘 해낼 수 있을까 걱정이 되었고, 그렇다고 배역을 주지 않으면 아이들과의 약속을 저버리는 게 되었습니다.

"헤헤헤……."

요한이는 선생님의 고민을 아는지 모르는지 해맑게 웃고 있었습니다. 하는 수 없이 선생님은 즉석에서 요한이를 위한 배역을 만들었습니다. 대사라고는 '없어

요' 한 마디뿐인 배역이었습니다. 하지만 그날부터 요한이는 '없어요'를 입에 달고 살았습니다. 혹시나 대사를 잊어버리기라도 할까 봐 말끝마다 '없어요'를 붙이기도 했습니다. 아이들이 "아멘"이라고 하면 요한이는 "아멘, 없어요"라고 했습니다.

이윽고 공연이 열리는 크리스마스가 되었습니다. 솜으로 된 눈이 내리는 예배당 중앙 무대로 만삭의 마리아와 요셉 역을 맡은 두 아이가 등장했습니다. 오랜 여행에 지친 그들은 사람들에게 도움을 청했습니다. 하지만 아이들은 연습한 대로 부부를 내쳤습니다.

"방 없어요."

그들은 마지막으로 요한이에게 다가갔습니다. 요셉 역을 맡은 남자 아이가 문을 두드렸습니다.

"주인장, 여기 혹시 빈방 있나요?"

요한이는 그동안 외운 대로 '없어요'라는 말만 하면 되는 상황이었습니다. 하지만 요한이의 입에서는 정반대의 말이 튀어나왔습니다.

"이… 있어요. 있다고요."

무대 뒤에서 계속 틀렸다고 알려 주는데도 요한이는 한사코 "있어요"만 되뇌었습니다. 심지어 요한이는 요셉 역을 맡은 아이의 팔을 잡아끌며 억지로 집으로 들어오게 했습니다.

"이… 있어요. 드… 들어오세요."

요한이의 돌발적인 행동에 관객들은 모두 눈시울을 붉혔습니다.

하얀 눈이 펑펑 쏟아지는 크리스마스. 그 자리에 있던 사람들은 천사를 보았습니다. 순수한 눈과 아름다운 마음을 가진 작은 천사를 말이죠.

10년 후의 나에게 보낸 편지

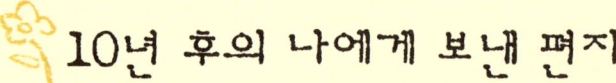

대학을 졸업하고 중등 임용고시를 며칠 앞둔
어느 날입니다.

도서관에서 공부를 하고 있는데 어머니에게서 전화가 왔습니다.

"영웅아, 네 앞으로 편지가 한 통 왔는데, 그게 글쎄 10년 전 네가 보낸 편지더구나."

10년 전 내가 지금의 나에게 보낸 편지 한 통. 도대체 어떻게 된 일일까. 곰곰이 생각을 더듬어 보니 한 사람이 떠올랐습니다.

중학교 2학년 때 우리 반 담임이었던 이충기 선생님……. 선생님은 내 인생의 가치관을 세워 준 분이었습니다.

"영웅아, 인생에는 성적보다 더 중요한 것이 있단다. 앞으로 어떻게 살아갈지 준비하고 실천하는 마음가짐과 자세지."

학년이 끝나갈 무렵 선생님과 함께한 단합 대회의 추억도 새록새록 떠올랐습니다.

모두가 한 마음 한 뜻으로 즐거운 시간을 보내고 있을 때 선생님께서 편지를 쓰자고 하셨습니다.

"자자. 지금부터 10년 후의 나에게 편지를 쓰는 시간을 갖도록 하겠어요."

무슨 말을 써야 할지 막연했지만 주제가 흥미로워 모두들 10년 후 자신의 모습을 상상하며 진지하게 종이를 채워 나갔습니다. 그러고는 까맣게 잊고 있었는데 어느덧 10년이라는 세월이 흘러 그 편지를 받게 된 것입니다.

선생님이 되기 위해 사범대에 진학한 이유도, 좋은 선생님이 되는 것이 내 꿈인 이유도 제자들에게 자상하고 헌신적이었던 이충기 선생님에 대한 존경심 때문이었지요.

편지봉투 겉면에는 짧지만 강한 여운을 주는 선생님의 당부가 적혀 있었습니다.

'이 편지는 10년 전 제 제자들이 보내는 '자신을 향한 편지'입니다. 무척 소중한 편지이니 조심스럽게 다루어 주시면 감사하겠습니다.'

오랜 세월이 흘러도 변하지 않은 선생님의

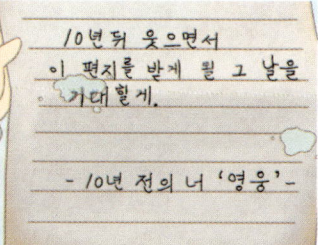

사랑은 편지지 한 귀퉁이에서도 발견할 수 있었습니다.

'10년 만에 주인을 찾아 주는구나. 이제야 담임선생님의 소임을 마친다. 모두들 보고 싶구나.'

이충기 선생님을 닮고 싶어 교사가 되겠다고 마음먹었는데 지금의 내 모습은 기억 속 선생님의 모습과는 거리가 멀어 보였습니다. 10년 만에 받은 편지는 나 자신을 되돌아보게 했습니다.

'안녕, 나는 10년 전의 너야. 지금 너는 스물여섯 살이겠지? 10년 뒤에 웃으면서 이 편지를 받게 되기를 기대할게. 10년 전의 너, 영웅.'

10년 후 자신에게 편지를 보내게 한 선생님의 의도와 깊은 뜻에 대해 곰곰이 생각해 보았습니다. 선생님의 가르침을 가슴 깊이 새기겠노라고 다짐하고 또 다짐했습니다.

아버지의 특별한 셈법

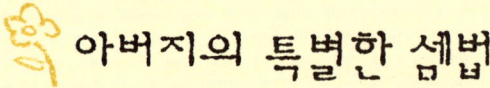

아버지는 참 다정다감한 분이었습니다.

손바닥만 한 논을 일구는 가난한 농부였지만 아버지는 우리 사남매의 쌀독을 아주 오랫동안 채워 주셨습니다.

아버지는 식구 수에 따라 쌀을 보내는 양도, 시기도 모두 다르게 하셨습니다. 큰오빠네 집에는 식구가 많다며 두 달에 한 번씩, 둘째 언니네는 석 달에 한 번씩 그리고 우리 집에는 넉 달에 한 번씩 쌀을 보내 주셨고, 혼자 사는 막내에게는 한 달에 두 말씩 챙겨 주셨습니다. 우리는 쌀이 떨어질 때쯤이면 어김없이 아버지의 쌀이 도착하는 것에 무척 놀랐습니다. 아버지는 글을 읽을 줄도 쓸 줄도 모르셨기 때문이었습니다. 쌀을 보낼 때마다 적어 놓을 수도 없었을 텐데 쌀이 떨어질 시기를 어떻게 귀신같이 알고 보내시

아버지의 특별한 셈법 • 23

는지 그저 신기할 따름이었습니다.

　사춘기 때는 아버지가 글을 모른다는 사실이 부끄럽고 싫었습니다. 누가 알게 될까 봐, 친구들에게 창피라도 당할까 봐 아버지가 뭘 읽어 달라고 하시면 모른 척한 적도 많았습니다. 그러나 철이 들고는 그게 흉이 아니라는 것을 알게 됐습니다.

　특히 어머니가 병으로 쓰러져서 친정에 간 날 우리 남매는 아버지가 얼마나 훌륭한 분인지 가슴 깊이 깨닫게 되었습니다.

　안방 서랍장에서 우연히 발견한 아버지의 수첩이 그 사실을 일깨워 주었던 것입니다.

　큰오빠는 일 번, 둘째 언니는 이 번, 나는 삼 번…….

　아버지는 그렇게 이름 대신 숫자로 자식들을 구별해 쌀을 보낸

달을 꼼꼼하게 적어 오셨던 것입니다. 바로 이것이 글을 모르는 아버지만의 특별한 셈법이자 자식 사랑법이었던 것입니다.

아버지의 삐뚤빼뚤한 숫자 앞에서 나는 한때 품었던 잘못된 생각이 부끄러워 눈물을 흘렸습니다. 그리고 아버지를 힘껏 안고 죄송하다고 말씀드렸습니다.

"아버지. 정말 죄송해요. 아버지……."

"그래… 그래……."

굳이 이유를 듣지 않아도 다 안다는 듯 아버지는 아무것도 묻지 않고 나를 토닥토닥 다독여 주셨습니다.

아버지는 어머니를 보내고 3개월 만에 하늘나라로 떠나셨습니다. 이제 아버지는 사진 속에서만 웃고 계십니다.

"흑, 아버지……."

아버지가 못 견디게 그리운 날이면 지금도 나는 하얀 쌀을 씻으며 아버지를 떠올립니다.

하늘로 보낸 문자메시지

저는 휴대전화를 두 대나 가지고 있습니다.

그중 하나는 제 것이고 다른 하나는 몇 달 전 하늘나라로 떠나신 시어머님의 것입니다. 어머님이 쓰시던 휴대전화는 2년 전 시부모님의 결혼기념일 선물로 제가 드린 것입니다.

저는 휴대전화를 선물하면서 시부모님께 문자메시지 보내는 법을 가르쳐 드렸습니다. 두 분은 며칠을 끙끙거리며 연습하셨습니다. 사용법에 어느 정도 익숙해지자 두 분은 서로에게 문자메시지를 보내기 시작하셨습니다.

'여보, 저녁에 마중 나갈게요. 같이 장보러 가요.'

두 분은 막 연애를 시작한 연인처럼 다정하고 따뜻한 내용의 문자메시지를 주고받으셨습니다. 그러나 두 분의 문자 대화는 시어머님이 갑작스레 암으로 돌아가시면서 끝이 났습니다. 시어머니의 휴대전화는 내게 다시 돌아왔습니다.

주인 잃은 휴대전화가 다시 울린 건 어머니가 돌아가시고 한 달 뒤였습니다. 아파트 경비 일을 나가신 아버님께서 메시지를 보내신 것입니다.

'여보, 오늘 저녁은 늦을 것 같아. 어멈이랑 저녁 맛있게 먹구려.'

저는 아버님의 문자를 받고 가슴이 철렁 내려앉았습니다. 어머님을 잃은 충격에 아버님께 치매 증상이 온 건지도 모른다는 불길한 생각마저 들었습니다. 어찌할 바를 모르고 걱정하고 있는데, 그날 밤 아버님이 또다시 메시지를 보내셨습니다.

'날이 춥소. 이불 잘 덮고 자구려.'

돌아가신 분에게 보내는 아버님의 문자메시지를 보고 눈물을 흘리는 저를 남편이 달랬습니다. 며칠 더 지켜보자고 말입니다. 내색하지 않고 지켜보는 동안 아버님의 마음이 담긴 문자메시지는 몇 번 더 오고는 '보고 싶소' 라는 내용을 끝으로 더 이상 오지 않았습니다.

그리고 얼마 후 아버님은 제 휴대전화로 문자를 보내셨습니다.

'아가, 오늘 월급날인데 필요한 거 있니?'

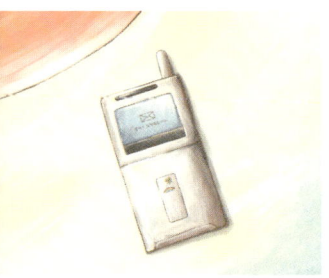  

나는 두방망이질 치는 가슴을 진정시키며 답장을 보냈습니다.

'아버님, 동태 두 마리만 사다 주세요.'

그날 저녁 동태 매운탕을 안주 삼아 반주를 하시며 아버님은 그간의 일을 설명해 주셨습니다.

"난 아직도 그 사람이 곁에 있는 거 같구나. 그래서 문자를 보낸 건데 역시나 답장이 안 오더라. 그제야 그 사람이 세상을 떠난 게 인정이 되더구나."

남편과 제가 당신이 이상해진 줄 알고 눈치만 살핀 일도 다 안다며 미안해하신 아버님…….

그날 이후 아버님과 저는 문자메시지로 대화를 나누고 있습니다. 어머님을 먼저 떠나보낸 아버님의 그 휑한 가슴을 제 마음을 담은 메시지가 조금이나마 채울 수 있기를 바랍니다.

우산이 되어 주세요

부산 사하구청에 근무하는 750명의 공무원 전원에게
커다란 우산이 하나씩 배달됐습니다.

"어라, 이게 웬 거지?"

"잠깐, 여기 뭐라고 쓰여 있네요. 건강하세요?"

손잡이에 '건강하세요'라는 문구가 적힌 우산을 선물받고 사람들은 어리둥절했습니다. 그러나 이내 누가 보냈는지 알고는 사람들의 눈가에 눈물이 맺혔습니다. 그것은 불과 며칠 전 암으로 세상을 떠난 동료 하옥례 씨가 보낸 마지막 선물이었던 것입니다.

서른일곱이라는 젊은 나이에 생을 마감한 그녀는 살아생전 누구보다 성실했고, 책임감이 강한 나라의 일꾼이었습니다. 동료들 사이에서도 신망이 두터웠던 그녀가 직장암 판정을 받은 건 지난 2004년의 일이었습니다.

그녀는 생사의 갈림길에서 치열하고 힘겨운 투병 생활을 했습니다.

"꼭 다시 일어나 출근할거야."

암을 이겨 내겠다는 의지로 차츰 건강을 회복하기 시작한 그녀는 1년

만에 복직할 수 있게 됐습니다.

"몸은 좀 어떠세요? 괜찮으신 거죠?"

"그럼요. 이젠 쌩쌩한걸요."

하옥례 씨가 예전처럼 마을 사람들과 다시 만날 수 있게 된 것도 잠시. 그 사이 암세포가 온몸에 퍼져 더 이상 손쓸 수 없는 지경에까지 이르렀다는 청천벽력 같은 진단이 내려졌습니다.

얼마 남지 않은 생을 정리하면서 그녀는 제일 먼저 어린 두 딸에게 밥 짓는 법을 가르쳤습니다. 그리고 병실에 누워 있는 동안 동료들의 선물을 마련했습니다. 공무원이라는 직업을 천직으로 삼고 살았던 그녀는 자신이 못다 이룬 '봉사'의 꿈을 대신 이루어 주길 바라는 뜻에서 우산을 선물했습니다.

'뜻하지 않은 병으로 먼저 세상을 떠나지만 동료 여러분들은 부

디 비바람 불고 눈보라 치는 날 어려운 이웃들의 우산이 되어 주시길 간절히 바랍니다.'

남을 도우려면 우선 자신처럼 아파서는 안 된다는 생각에 우산 손잡이에는 '건강하세요' 라는 문구를 새겨 넣었습니다.

하옥례 씨의 우산을 받은 동료들은 마음 깊이 다짐했습니다.

비바람을 대신 맞는 우산처럼 항상 세상의 풍파로부터 어려운 이웃을 지켜 주는 듬직하고 따뜻한 공무원이 되겠노라고 말입니다.

청첩장 편지

내일모레면 환갑을 바라보는 나이가 되고 보니
가장 많이 받는 우편물은 청첩장이 되었습니다.

요즘 청첩장은 모양도 가지가지고, 내용도 아기자기하게 귀여운 것이 많습니다. 정성이 담긴 줄은 알지만 아무래도 그 쓰임이 다하면 열에 아홉은 버려지게 되는 것 또한 청첩장입니다.

얼마 전에도 친한 친구에게서 청첩장 한 장을 받았습니다. 한 폭의 그림처럼 아주 잘 어울리는 신랑 신부의 사진이 담겨 있었죠. 인상이 부드럽고 복스러운 친구를 닮은 신랑의 얼굴을 보는 것만으로도 기분이 좋았습니다.

그래서 예식이 끝난 후에도 그 청첩장을 지니고 있었는데 얼떨결에 버리고 나서 두고두고 후회했습니다.

"에휴, 청첩장 버리지 말고 거기다 몇 마디라도 써서 보내 줬으면 참 좋았을 텐데……."

그렇다고 버린 것을 다시 주워 올 수도 없는 노릇이었습니다. 그때 나는 결심을 했죠.

남자 쪽의 하객일 때는 신랑에게, 여자 쪽일 때는 신부에게 마음이 담긴 편지를 보내기로 말이죠. 그때의 후회가 청첩장 편지를 쓰게 한 계기가 되었던 것입니다.

'성근아, 식장에서 신부를 보니 너희 엄마가 왜 그렇게 며느리 자랑을 했는지 알겠더구나. 아무쪼록 반쪽이 하나 되는 아름다운 부부로 살기 바란다.'

책에서 읽은 좋은 구절을 인용해서 쓰기도 하고, 내 경험을 토대로 부부간에 지켜야 할 예의나 책임에 대해 인생 선배의 입장에서 조언을 하기도 했습니다.

'행복한 부부란 독창이 아니라 합창해야 하는 거란다. 어느 한쪽의 노래가 너무 크면 합창의 균형이 깨지듯 부부란 조금씩 서로 양보하고 노력하는 영원한 파트너지.'

청첩장 편지는 생각했던 것 이상으로 반응이 좋았습니다. 여기저기서 고맙다는 인사가 쏟아질 정도였으니까요.

"며느리한테 네가 준 편지 읽어 주니까 엄청 좋아하더라고. 고맙다, 은자야."

짧은 편지 한 장으로 새로운 삶을 시작하는 부부에게 기쁨을 주는 일은 내게도 큰 행복이 되어 돌아왔습니다.

한 자, 한 자 글을 써 내려가면서 나 또한 가족의 소중함을 깨달았던 것이지요.

새내기 부부들에게 향기로운 결혼 생활을 선물해 주고 싶은 작은 바람과 내 편지가 사랑의 씨앗이 되었으면 하는 희망을 가지고 오늘도 나는 청첩장 편지를 씁니다.

아버지가 수상해요

얼마 전부터 아버지가 이상한 행동을 하기 시작했습니다.

기척 없이 안방에 들어가면 도둑질을 하다가 들킨 사람마냥 깜짝깜짝 놀라셨습니다.

"아이고, 깜짝이야. 그렇게 갑자기 문을 열면 어쩐다냐."

어떤 날은 전화 통화를 하다가 내 인기척이 들리자 화들짝 놀라서 수화기를 방바닥에 내동댕이치기도 했습니다.

"밝혀 내고 말겠어!"

아버지의 수상쩍은 행동은 거기서 그치지 않았습니다. 하루 종일 우편함 근처를 서성이며 생전 보지도 않던 전화 요금 청구서를 기다리는가 하면, 고지서를 받아 보고는 땅이 꺼져라 한숨을 내쉬기도 합니다.

"에고. 이를 어쩌나, 어째."

속 시원하게 이야기 해 주시면 좋으련만 아버지는 통 말을 안 하십니다. 나는 더는 궁금증을 참지 못하고 아

버지께 단도직입적으로 여쭤 봤습니다.

"아버지. 혹시 여자 친구 생기셨어요?"

"아이고, 아니다. 남사스럽게 그게 무슨 말이냐. 절대 아니니까 괜히 이상한 상상 하지 말어."

'이상하네. 그럼 뭐지?'

내가 의심의 눈길을 거두지 않자 아버지는 주저하시더니 어렵게 비밀을 털어놓으셨습니다.

"음. 사실은 말이다. 내가……."

텔레비전에서 독거노인 돕기 방송을 보다가 딱한 마음에 전화 모금 운동에 참여하게 됐다는 아버지. 인정 많은 아버지는 한 달 동안 방송을 보면서 매일같이 수화기를 들고 또 들었던 것입니다. 그 일을 아무도 모르게 하느라 내가 방에 들어갈 때마다 깜짝깜짝

놀라셨던 것이고요. 게다가 전화 요금이 나올 때가 다가오자 엄청나게 불어 있을 요금 때문에 밤에 잠도 안 오셨다고 합니다.

"이번 달 전화 요금 많이 나왔지? 내가 쓴 건 내가 내마."

전화 요금 몇 푼에 미안해하시는 아버지를 보자 가슴이 짠했습니다. 한평생 가족을 위해 살아오신 아버지가 그 정도 일로 눈치를 보는 것이 속상하기도 했습니다.

나는 독거노인들에게 사랑의 손길을 건넨 아버지의 손을 꼭 잡아드렸습니다.

"아버지 걱정하지 마세요. 그런 일로 쓴 돈이라면 얼마라도 괜찮아요. 그러니까 하고 싶으면 마음껏 전화하세요. 아셨죠?"

그제야 한시름 놓았는지 아버지는 환하게 웃음 지으셨습니다. 어려운 이웃을 위해 베풀 줄 아는 아버지가 나는 정말 자랑스럽습니다.

교민이의 새 생명

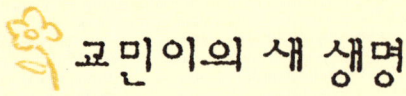

월드컵의 열기가 전 세계를 뜨겁게 달구던 지난 2006년 6월.

나는 아들을 잃은 슬픔에 가슴이 무너지는 고통을 겪어야 했습니다.

"교민아, 착한 내 아들……."

겨우 열여덟의 나이에 부정맥으로 인한 심장마비로 세상을 떠난 교민이. 늘 전교 1등을 놓치지 않았을 뿐만 아니라 천재들의 모임인 멘사의 회원이 될 정도로 똑똑한 아이였습니다.

허약하긴 했어도 씩씩한 아이였습니다. 그런 아들이 심한 가슴 통증을 호소한 건 고등학교에 진학한 직후였습니다. 교민이는 어렸을 때 기형적으로 자란 갈비뼈를 열여덟 개나 잘라 내는 대수술을 받은 적이 있었습니다.

"그때 미처 잘라 내지 못한 갈비뼈 하나가 교민이의 심장을 짓누르고 있습니다."

달리 치료 방법이 없다는 소리만 들은 채 우리는 병원을 나와야 했습니다. 너무 어린 나이에 큰 수술을 받은 경험이 있어서인지 아들은 아주 어릴 때부터 나이에 비해 무척 어른스러웠습니다.

평소에 몸이 약한 나를 극진히 보살피는 것은 물론 다른 아이들

사이에서도 따뜻하고 속 깊은 형 같은 친구로 통했습니다. 그런 교민이가 겨우 두 달 만에 또 다시 쓰러졌을 때는 하늘이 무너져 내릴 것 같은 절망에 숨이 막혔습니다.

교민이가 중환자실에 누워 있던 한 달 동안 나는 넋이 빠진 채로 하루하루를 보냈습니다. 그 암담하고 괴로운 시간 동안 나를 견디게 한 것은 교민이의 미니 홈페이지에서 아들의 흔적을 찾는 것이었습니다. 그러면서 알게 됐습니다. 내 아들이 얼마나 대견한 일을 하고 있었는지를.

교민이는 입시 공부에 치이고 시달리는 친구들과 이메일을 주고받으면서 따뜻한 위로와 격려의 메시지를 전하고 있었습니다. 제 한 몸 추스르기 힘들 정도로 아픈 교민이가 주는 메시지는 친구들에게 용기와 희망을 심어 주고 있었습니다. 결국 교민이는 병을

이기지 못하고 세상을 떠났지만 나는 그 따뜻한 마음만은 지켜 주고 싶었습니다.

그래서 나는 컴퓨터를 배워 아들의 홈페이지를 대신 운영하며 교민이가 그랬던 것처럼 지치고 목마른 사람들에게 샘물 같은 희망을 주기 위해 노력하고 있습니다. 이제는 교민이가 맺어 놓은 따뜻한 인연 하나하나가 아들의 빈자리를 대신 채워 주고 있습니다.

교민이가 좋아했던 가수 오승국 씨는 우리 부부를 친부모처럼 따르고, 작가 김영대 씨는 만화 '교민이의 일기'를 인터넷에 연재해 교민이의 사랑을 세상에 알리고 있습니다. 이제는 교민이를 기억하는 사람들의 따뜻한 마음이 모여 환한 등불이 되었습니다. 그 꺼지지 않는 불꽃은 내가 오랫동안 지켜 가야 할 교민이의 새 생명입니다.

빛이 나는 그림

한 대학의 서양화과 수업 시간에
교수가 학생들에게 과제를 내주었습니다.

"이번 주까지 자신의 손을 그려서 제출하세요. 표현하는 방법은 여러분의 자유입니다. 여러분의 실력을 믿고 기대하고 있겠습니다."

손을 그려 오라는 숙제는 쉬운 듯하지만 어렵고, 어려운 듯하지만 쉬운 숙제였습니다. 대부분의 학생들은 한숨을 푹푹 내쉬었지만, 몇몇 학생은 흥미로운 표정을 지었습니다.

며칠이 지나고 과제를 제출할 시간이 되었습니다.

교수의 책상 위에는 학생들이 그린 손 그림이 수북하게 쌓여 있었습니다.

교수는 과세물을 꼼꼼하게 살펴보았습니다. 그러다가 한 그림을 보고서 눈을 떼지 못했습니다.

"흐음, 이 그림에서는 빛이 나는걸. 정말 잘 그렸군. 어떤 친구가 이렇게 손의 느낌을

자연스럽고 깊이 있게 표현한 걸까? 수업 시간에 꼭 이 학생을 칭찬해 줘야겠어."

교수는 그 그림을 그린 주인공이 궁금했습니다. 다음 수업 시간이 되자 교수는 그 학생을 찾았습니다.

"모두 각자의 손을 잘 표현했습니다. 그런데 유독 빛이 나는 그림이 하나 있었습니다. 자, 이 그림을 그린 학생은 일어나 보세요."

교수가 그림을 들어 보이자 한 남학생이 일어섰습니다. 교수는 그 학생을 보고 깜짝 놀랐습니다. 학생들 중에서 가장 빛나는 손 그림을 그린 그 학생은 팔이 하나뿐이었기 때문입니다. 교수는 그제야 깨달았습니다. 그 그림이 빛날 수 있었던 이유와 그 이면에 감춰진 상처를 말입니다.

한쪽 팔을 잃고 남은 한 팔로 그림을 그려 온 남학생. 그 사이 그는 수없이 많은 좌절과 시련을 겪었을 것입니다. 그런데도 붓을 놓지 않은 것은 남아 있는 팔에 대한 고마움 때문이었을 겁니다.

교수도 그 그림에서 감사의 마음을 보았던 것입니다. 한 팔로 일구어 가는 단단한 희망, 뜨거운 열정 그리고 꿈을 향한 집념과 도전. 그 마음이 남학생의 그림에 빛을 입혔던 것입니다.

2
좋아하는
소리가 생겼어요

원호는 전교생 앞에서
숨을 고른 후 색소폰 연주를 시작했습니다.
원호가 만들어 내는 아름다운 선율에
감동한 아이들은 연주가 끝나자마자
뜨거운 박수갈채를 보냈습니다.
시력을 잃어 간다는 사실에 자신감까지 잃어 가던
원호의 얼굴에도 모처럼 꽃처럼 환한 미소가 피어났습니다.
"선생님, 저 오늘 정말 좋아하는 소리가 생겼어요.
그건 사람들이 저를 향해 보내는 박수와 함성이에요.
그건 제가 들은 인생 최고의 소리였어요."

가장 값진 이별 선물

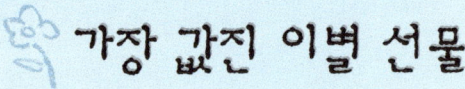

봄이 되면 만물이 소생한다고 합니다.

하지만 아버지는 우리 곁을 영원히 떠나셨습니다.

수술과 치료를 여러 차례 반복하는 와중에도 꿋꿋하게 잘 견디던 아버지였기에 돌아가신 후 생긴 빈자리는 우리 사 남매에게 더욱 크게 다가왔습니다.

처음 맞는 가족의 장례. 모두들 깊은 슬픔에 잠겨 어찌할 바를 몰라 우왕좌왕했습니다.

"오셨어요?"

"어 그래. 상심이 크지? 잘 견디던 양반이……. 힘내."

"아, 네. 감사합니다."

가족 모두 장례를 치르는 일에 서툴렀지만 조문객들의 배려와 이웃들의 도움으로 무사히 끝마치는 듯했습니다.

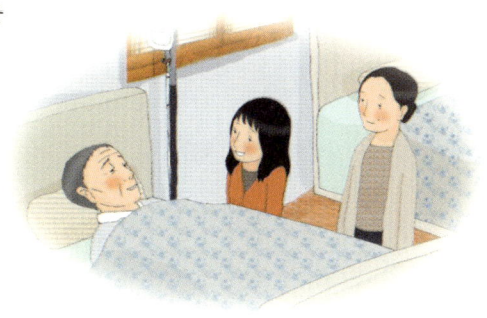

발인發靷을 하루 앞둔 늦은 밤. 부의賻儀 봉투를 정리하던 집안 남자들이 흐느끼기 시작했습니다. 언니와 나는 무슨 일이냐고 물었습니다.

"형부, 무슨 일이에요?"

"저… 그게… 이거……."

큰형부는 눈물을 글썽이며 봉투를 건네주었습니다. 그것은 큰언니의 아들인 여섯 살배기 종혁이가 아버지에게 쓴 편지였습니다.

이제 막 글을 깨치기 시작한 조카가 쓴 편지여서 맞춤법은 엉망이었지만 진심은 고스란히 담겨 있었습니다.

'할라버지 사랑해요.'

그날 저녁, 조카의 편지는 온 가족을 또 한 번 울렸습니다.

무사히 장례를 마치고 저마다 안정을 찾아갈 무렵 종혁이에게

그 편지에 대해 물었습니다.

"종혁아, 너 할아버지한테 편지는 왜 쓴 거니?"

"어른들이 전부 상자에 편지를 넣잖아요. 그래서 저도 할아버지 보라고 편지를 쓴 거예요."

부의금을 넣은 부의 봉투가 순진무구한 조카의 눈에는 할아버지에게 보내는 편지로 보였던 것입니다. 자신을 무척 예뻐했던 할아버지의 마지막 순간을 편지 한 장으로 빛나게 한 손자. 아마도 아버지에게 그 편지는 세상에서 가장 아름답고 값진 이별의 선물이었을 것입니다.

이곳에 주차하지 마세요

우리 가족은 얼마 전 이사를 했습니다.

새 보금자리는 30년도 더 된 낡은 아파트였습니다. 새 집으로 이사해서 기분은 좋았지만 오래된 집이라 그런지 불편한 점이 많았습니다. 그중 가장 큰 골칫거리는 주차 문제였습니다. 세대에 비해 주차장이 턱없이 부족하다 보니 번번이 아파트 단지 밖에 차를 세워야 했습니다. 한 달이나 그렇게 하고 나서야 처음으로 아파트 안에 주차를 할 수 있었습니다. 차가 빼곡하게 주차되어 있는 가운데 유독 한 자리만 비어 있는 것이 눈에 들어왔던 것입니다.

"우와, 이게 웬 횡재냐. 다른 사람이 오기 전에 얼른 주차해야지."

다음 날도, 그다음 날도 그 자리는 내 차지가 되었습니다. 그때까지만 해도 나는 내가 운이 좋은 것이라고만 생각했습니다.

"그럼 그렇지. 역시 난 운이 좋아. 계속 이 자리가 비어 있으면

좋겠네. 집에서도 가깝고."

그러던 어느 날 자동차 앞 유리에 쪽지 한 장이 끼워져 있는 것을 발견했습니다.

"이곳에 주차하지 마세요?"

아파트 주차장은 아파트 주민이면 누구나 이용할 수 있는 공공장소인데 마치 자기 전용 공간이라도 되는 듯이 비키라고 써 놓은 것을 보자 기분이 언짢았습니다.

"여기가 자기네 땅도 아니고, 뭔데 이러는 거야. 쳇, 먼저 세우면 그만이지."

나는 그 쪽지에 아랑곳하지 않고, 계속해서 그 자리에 주차를 했습니다.

그렇게 며칠이 지나고 집에 들어가려다가 항상 비어 있는 그 주차

공간에 차를 세우는 한 청년을 보게 됐습니다. 그는 목발을 짚고 차에서 내렸습니다. 아파트 부녀회장 아주머니가 청년을 보고 반갑게 말을 걸었습니다.

"그동안 현관에서 멀리 주차하느라 많이 힘들었죠? 앞으로 더 신경 쓸게요."

"아닙니다. 전 아무래도 괜찮은걸요."

"부담 갖지 말아요. 이웃끼리 서로 돕고 사는 거죠."

나는 비로소 알게 되었습니다. 그 자리가 항상 비어 있었던 이유를 말입니다. 그 자리는 아파트 주민들이 몸이 불편한 청년을 위해 마련한 특별석 같은 것이었습니다.

누가 강요한 것도 아니었습니다. 자연스럽게 그리고 자발적으로 그 자리를 청년에게 양보해 주었던 것입니다.

상황을 알게 되자 지금껏 내가 했던 행동이 부끄러웠습니다. 청년에게 다가가 그동안의 일을 고백했습니다.

"저, 죄송합니다. 이사 온 지 얼마 안 돼서 잘 몰랐어요. 저 때문에 불편하셨죠?"

내가 사과를 하자 청년은 오히려 더 미안해했습니다.

"아닙니다. 공용 주차장인걸요. 모두들 이렇게 마음 써 주시다니 저야말로 고맙고 죄송합니다."

자신들의 이익보다 어려운 이웃의 편의를 먼저 생각하는 주민들……. 다른 아파트에 비하면 건물도 허름하고 주차장도 좁지만 이사 하나는 정말 잘 온 것 같습니다. 이웃 간의 사랑은 어느 아파트보다도 크고 넉넉하니까요.

아들이 건넨 커피 한 잔

나는 첫 남편과 사별하고 삼 년 만에 지금의 남편과 재혼했습니다.

병으로 죽은 전 부인과 남편 사이에는 중학생과 초등학생인 두 아들이 있었습니다.

스물아홉에 사춘기 아이들의 엄마가 되고부터는 걱정으로 하루도 편할 날이 없었습니다. 게다가 남편은 하던 일이 잘못되자 술독에 빠져 식구들을 등한시했고, 둘째 아이는 툭하면 말썽을 피워 나를 지치게 만들었습니다. 그나마 말수가 적은 것 빼고는 듬직하고 착한 큰아들 덕에 한시름 덜 수 있었습니다.

속이 깊고 야무진 큰아들은 제 용돈이라도 벌겠다며 신문 배달을 시작했습니다. 아들은 비가 오든 눈이 오든 새벽 네 시면 일어나 매일같이 신문을 돌리러 나갔습니다.

그러던 어느 겨울날 배달을 끝내고 집으로 돌아온 아이가 다리를 절룩거렸습니다.

"어떻게 된 거니? 다친 거니?"

"빙판길에서 넘어졌는데 괜찮아요, 엄마."

내가 걱정할까 봐 괜찮다고 그런 건지 큰애는 다음 날 신문 배달을 나갈 때도 여전히 다리를 절었습니다. 아픈 아이를 도저히 혼자 내보낼 수가 없었습니다.

"안 되겠다. 오늘은 엄마랑 같이 나가자."

큰소리치며 따라 나서긴 했지만 처음 해 보는 신문 배달이어서 굼뜨고 서툴렀습니다. 몇 부 되지도 않는 신문을 힘들게 배달하고 아파트 입구로 나오니 이미 일을 마친 아들이 나를 기다리고 있었습니다. 아들은 자판기에서 뽑은 커피를 건네며 말했습니다.

"추우시죠? 커피 한 잔 드시고 몸 좀 녹이세요, 엄마."

평소 말이 없던 큰아들의 따뜻한 한마디에 눈물이 핑 돌았습니

다. 어린 나이에 어머니를 여의고 다른 아이들보다 일찍 철이 든 큰아들. 퍽퍽해진 가슴을 어루만져 줄 누군가의 따뜻한 말 한마디가 애타게 그리웠던 그때, 아이의 한마디는 모질고 험한 세상살이에 움츠러든 나의 몸과 마음을 활짝 펴게 해 주었습니다.

때론 남편처럼 때론 친구처럼 긴 세월의 터널을 함께 걸어온 큰아들은, 내 삶에 빛을 밝혀 준 소중한 등대입니다.

🌸 반지를 찾아서

어느 이른 아침 부산의 영도구청 환경관리과에 근무하는
김종길 씨에게 한 통의 전화가 걸려 왔습니다.

전화를 한 사람은 중년의 아주머니였습니다. 그녀는 아주 다급한 목소리로 울먹이며 말했습니다.

"자식들이 생일 선물로 준 오팔 반지 좀 찾아 주세요. 아 글쎄, 제가 실수로 쓰레기봉투에 넣고 버렸지 뭐예요."

얼결에 버린 반지를 찾으러 나갔을 때는 이미 청소차가 왔다 간 후라고 했습니다.

"저에겐 생명처럼 소중한 반지입니다. 꼭 좀 찾아 주세요. 부탁드립니다, 선생님."

공무원으로서 책임감을 느낀 김종길 씨는 반지를 되찾을 방법을 고심했습니다.

"청소차가 매일 오후 10시에 쓰레기봉투를 수거해서 다음 날 새벽 소각장에 가서 태

우니까……. 음, 그래. 일단 그 지역 청소차 담당자한테 연락해 보면 되겠다."

혹시나 하는 기대감으로 그는 청소차를 운전하는 기사에게 연락을 취했습니다.

기사는 마침 소각장에서 순서를 기다리는 중이었습니다. 그는 김종길 씨에게 사정을 듣고는 차를 돌려 재활용품 선별장으로 가겠다고 했습니다. 그때부터 본격적인 반지 찾기 작전이 시작되었습니다.

작전에는 김종길 씨를 포함해 운전기사와 다른 환경미화원들까지 합세했습니다. 다들 한 마음 한 뜻으로 5톤 분량의 쓰레기 더미를 이 잡듯이 뒤지기 시작했습니다.

백화점 포장용 끈으로 봉투 입구를 묶은 10리터짜리 종량제 봉투. 그것만이 유일한 단서였습니다.

"여기도 없고, 이것도 아니고. 아, 대체 어디 있는 거지, 꼭 찾아야 하는데."

냄새 나고 더러운 쓰레기 더미를 애타게 헤집은 지 한 시간. 그때 김종길 씨가 소리쳤습니다.

"어, 이건가? 입구를 묶은 게 포장용 끈이 맞기는 한데. 여러분 이거 한 번 뜯어 봅시다."

그는 서둘러 봉투를 뜯어 확인해 보았습니다. 역시나 반지는 그 봉투 안에 있었습니다.

"찾았다, 찾았어. 반지를 찾았어요."

반지를 찾아 달라고 전화를 한 아주머니도 지푸라기라도 잡는 심정으로 부탁한 것이지 설마 찾을 수 있으리라고는 생각지 못하고 있었습니다. 반쯤 포기하고 있던 아주머니는 반지를 찾았다는

말에 기뻐서 펄쩍 뛰었습니다.

"저 때문에 쓰레기 더미에서 고생하셨어요. 이걸로 음료수라도 사서 드셨으면 좋겠어요."

"아닙니다. 이러지 않으셔도 돼요. 당연히 해야 할 일을 했을 뿐인데요 뭐. 아주머니가 그렇게 좋아하시니 고생한 보람이 있는데요, 하하."

주민과 마을을 위해 궂은일도 마다하지 않는 김종길 씨와 환경미화원들. 그들의 선행 덕분에 아주머니는 잃어버릴 뻔한 반지와 함께 사람에 대한 믿음과 신뢰를 가슴에 담아 갈 수 있었습니다.

좋아하는 소리가 생겼어요

여의도중학교에는 서울 시내 중학교 중
유일하게 약시 학급이 있습니다.

바로 내가 담임을 맡고 있는 반입니다. 학생은 단 두 명. 남학생과 여학생 사이좋게 한 명씩이지요. 둘 다 안경이 도움이 안 될 정도로 시력이 약해서 책을 읽는 일조차 힘듭니다.

아이들과의 첫 만남을 나는 아직도 잊을 수가 없습니다.

아이들이 내게 처음 한 말이 큰 충격을 주었기 때문입니다.

"선생님, 왜 문을 열어 놓고 들어오세요? 그러면 정상반 아이들이 쳐다본단 말이에요."

장애가 있는 자신들과 일반 학급 학생들 사이에 선을 긋고 마음의 빗장을 걸어 잠근 아이들.

특히 남학생인 원호는 경계를 두는 정도가 심했습니다. 시각장애 3급인 원호는 더듬거리며 걷는 자신의 모습을 친구들이 볼까 봐 쉬는 시간에도 교실 밖으로 나가지 않았고, 학교 식당을 놔두고 교실에서 혼자 도시락을 먹곤 했습니다. 점점 더 시력이 나빠지는 원호에게 나는 작지만 환한 희망을 주고 싶었습니다. 우선 원호와 친해지기 위해 수시로 대화를 시도했습니다.

사랑과 관심이 그리웠는지 원호는 의외로 내 손길을 반가워했습니다. 원호는 서서히 마음의 그늘을 걷어 내기 시작했습니다. 다른 사람들에게는 비밀이라며 얼마 전부터 색소폰을 배우기 시작했다고 털어놓기도 했습니다.

원호는 일반 학급 아이들 앞에 서는 게 부끄럽지만 한편으론 그 아이들과 어울려 노는 것이 꿈이었습니다. 나는 원호의 바람을 들어주기 위해 약시 반과 일반 학급 간에 일대일 짝꿍 활동을 추진했습니다.

짝과 함께 공연도 보고, 생일 선물도 교환하는 행사였습니다. 그런 활동을 통해 아이들은 학교생활의 기쁨을 알아 갔습니다.

원호에게 자신감을 심어 주는 기회로는 교내 합창 대회를 이용했지요. 원호는 전교생 앞에서 색소폰을 연주하게 되었습니다. 무

대에 오른 원호는 숨을 고르고 연주를 시작했습니다. 원호가 만들어 내는 아름다운 선율은 아이들의 마음을 숙연하게 만들었습니다.

멋진 공연이 끝나자 전교생의 뜨거운 박수갈채가 원호에게 쏟아졌고, 원호의 얼굴에는 모처럼 꽃처럼 환한 미소가 피어났습니다. 자신의 생일이기도 한 그날 원호는 자신감이라는 아주 소중한 선물을 받았습니다.

"선생님, 저 오늘 정말 좋아하는 소리가 생겼어요. 사람들이 저를 향해 보내는 박수와 함성이에요. 그건 제가 들은 인생 최고의 소리였어요."

나와 함께한 1년 동안 세상을 향해 소리 내는 법을 배우고 익힌 원호. 마음속에 상처가 있는 모든 이들이 원호처럼 세상과 소통할 수 있는 열쇠를 찾게 되면 좋겠습니다.

도시락 씻는 남자

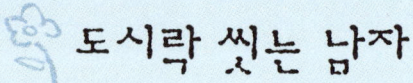

달그락, 달그락…….
도시락을 씻는 소리로 요란한 곳이 있습니다.

도시락을 만들어 가난한 이웃에게 배달하는 '나눔의 집'입니다. 빈 도시락을 씻고 있는 많은 자원봉사자들 틈에 유독 눈에 띄는 한 남자가 있습니다. 까만 얼굴에 깡마른 체구. 한눈에도 병색이 짙어 보입니다. 사실 그는 위암 말기 환자입니다.

다른 이의 도움을 받아야 하는 그가 나눔의 집에서 설거지를 하고 있는 이유는 자신이 받은 관심과 사랑을 되돌려 주기 위해서입니다.

그의 아내가 몇 해 전 뇌종양으로 세상을 떠난 후 그는 세 아이를 혼자서 키워 왔습니다. 힘들게 살아 오던 중 몸이 안 좋아 병원을 찾았다가 뜻하지 않게 위암 말기 선고를 받았습니다. 그는 세 아이가 눈에 밟혀 혼자 울었습니다.

"흑흑흑. 어떻게 내게 이런 일이……."

그에게 닥친 시련

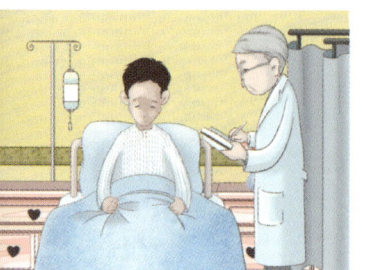

은 여기서 끝나지 않았습니다. 의사마저 포기할 정도로 건강이 악화된 그는 일을 할 수가 없었습니다. 모아 둔 돈이 차츰 떨어지자 아이들의 끼니 걱정에 시름이 깊어 갔습니다. 한참 자랄 나이인 아이들은 아빠의 속내도 모르고 배고프다고 칭얼댔습니다.

"아빠, 저 배고파요."

"아휴, 얘가, 아빠가 더 힘드시잖아."

더 이상 일할 힘도, 아이들에게 먹을 것을 사 줄 돈도 없는 초라한 가장이 되어 버린 그는 자신이 견딜 수 없게 싫었습니다. 아이들 몰래 먼저 하늘나라로 간 아내에게 말을 건넸습니다.

"여보. 우리 애들 어쩌면 좋소?"

그러던 어느 날 그의 집에 따끈한 도시락이 배달되어 오기 시작했습니다. 어려운 이웃에게 무료로 나눠 주는 사랑의 도시락. 그것

은 그와 아이들에게 새로운 희망이었습니다. 배고픔에 지친 아이들에게 그 도시락은 세상 어떤 음식보다도 맛있었습니다.

"우와, 하나만 더 주시면 안 돼요?"

"여기 얼마든지 있으니 배고프면 더 먹으렴."

한 치 앞도 안 보이는 칠흑 같은 어둠 속에서 한 줄기 빛이 되어 준 사람들. 그는 그들의 사랑에 조금이나마 보답하고 싶었습니다. 그래서 나눔의 집을 찾아 봉사를 하게 해 달라고 간절히 부탁했습니다.

"제 남은 삶을 다른 사람을 위해 살고 싶습니다."

혼자 힘으로는 서 있기조차 버거운 말기 암 환자. 그런데도 그는 고통을 참아 가며 매주 한 번씩 설거지를 하러 나눔의 집을 찾습니다. 나누면 나눌수록 더욱 커지는 사랑의 힘을 알고 있기 때문입니다.

신혼여행에서 만난 소나기

우리 부부의 결혼 예물은 실 반지 하나가 전부였습니다.

　　　　　　　　빈손으로 시작한 초라한 결혼 생활이었지요. 남편은 우산 만드는 회사에 다니고 있었습니다. 하지만 석 달이나 월급을 받지 못해 빈털터리나 마찬가지였습니다. 부모님께 물려받은 재산이 있는 것도 아니었고요.

　나 또한 남편과 사정이 비슷하다 보니 우리 형편에 신혼여행은 무리였습니다. 그래서 나중에 가려고 미뤘는데 친구들이 안 된다며 여행 경비를 마련해 주었습니다. 눈물이 앞을 가렸습니다.

　여행길에 오르는 순간만이라도 잠시나마 현실을 잊고 싶었습니다. 그런데 낡은 승용차가 말썽을 부렸습니다. 시동이 수시로 꺼지면서 가슴을 철렁하게 만들었습니다.

　하늘마저도 도와주지 않았습니다. 출발할 때부터 날씨가 꾸물꾸물하더니 결국 소나기가

퍼붓기 시작했습니다.

　목적지에 도착하긴 했지만 장대같이 쏟아지는 비 때문에 관광은 이미 물 건너간 상태였습니다. 실망스럽고 속상했습니다. 어떻게 온 신혼여행인데……. 게다가 우려했던 일까지 터졌습니다. 자동차 시동이 꺼지더니 다시 켜지지 않았습니다.

　"아, 이를 어쩌지, 큰일이네. 우선 우산부터 꺼내야겠구나."

　우산을 꺼내기 위해 남편은 자동차 트렁크를 열었습니다. 그 안에는 월급 대신 받은 우산이 두 상자나 있었습니다. 남편은 우산 몇 개를 펼쳐 자동차 주변에 빙 둘러놓았습니다. 그러자 갑자기 관광객들이 몰려들었습니다.

　"저기 아저씨, 우산 하나 주세요."

　"어? 죄송한데, 이건 파는 게 아닌데요."

"그러지 말고 좀 팔아요. 비가 이렇게 오는데 우산도 없이 여행할 순 없잖아요?"

갑자기 내린 소나기 덕에 얼떨결에 싣고 간 우산 두 상자는 순식간에 동이 났습니다. 남편과 나는 신혼여행이란 것도 까맣게 잊고 우산을 파느라 진을 쏙 빼야 했습니다.

우리는 우산을 다 팔고 숙소로 돌아왔습니다. 마주 앉아 젖은 돈을 말리는데 뿌듯하기도 하고 황당하기도 했습니다. 돈을 세다가 남편과 눈이 마주치자 웃음이 나왔습니다. 남편 역시 내가 웃자 따라서 웃기 시작했습니다.

시작은 초라했지만 앞으로 살아갈 날들은 그렇지 않을 것 같다는 작은 희망도 생기더군요.

내 곁에는 남편이 있고, 남편 곁에는 내가 있으니 두려울 게 뭐

가 있을까요?

　살다 보면 난데없이 쏟아지는 소나기를 만날 때도 있겠지요. 하지만 걱정하지 않습니다. 남편과 나는 사랑이란 우산을 쓰고, 희망이란 무지개다리를 걸어갈 테니까요.

엄마의 건망증

우리 엄마와 아빠는 하루를 신문 읽기로 시작합니다.

구독하는 신문만 네 가지나 될 정도로 여러 신문을 보십니다. 그래서 한 달만 지나도 마루 한 구석에는 신문이 수북하게 쌓입니다. 이 신문들은 폐지를 모아 근근이 생활하는 우리 동네 노부부에게 전해집니다.

"이거 번번이 고마워서 어쩌나."

"아니에요, 할아버지. 부담 갖지 마세요."

눈 내리던 어느 겨울날의 일입니다. 온 가족이 시내에서 외식을

하기로 한 날이었는데 무슨 일 때문인지 어머니는 안절부절못하며 시계만 계속 쳐다보시는 게 아니겠습니까? 급기야는 집에 일이 있어 먼저 가 봐야겠다며 음식에는 손도 안 대고 서둘러 일어나셨습니다.

"가스 불에 빨래를 삶으려고 올려놓고 나온 걸 깜박했지 뭐예요. 나 먼저 갈 테니까 당신은 애들하고 천천히 먹고 와요."

그러자 아버지는 저에게 엄마를 모시고 가라고 말씀하셨습니다.

"그럼 수희 네가 엄마랑 같이 가라."

"예? 제가요?"

달콤한 음식 냄새가 저를 유혹했지만 하는 수 없이 엄마를 따라 택시에 탔습니다. 모처럼의 외식을 망친 엄마에 대한 야속한

마음은 집에 와서야 풀렸습니다. 집 앞에는 폐지를 모으는 할아버지와 할머니가 기다리고 있었습니다. 그분들이 매서운 추위에 꽁꽁 언 몸을 달래 가며 무려 한 시간씩이나 엄마를 기다리고 계셨던 겁니다.

"정말 죄송해요. 6시쯤 오시라고 해 놓고 제가 깜박 잊고 외출을 했네요. 많이 기다리셨죠?"

"아, 아니에요. 그럴 수도 있죠."

저는 두 분의 대화를 듣고 알게 됐습니다. 엄마가 식당에서 황급히 자리를 뜨신 이유를 말입니다. 엄마는 노부부와의 약속을 지키기 위해 맛있는 음식마저 포기하고 급히 집으로 돌아온 것이었습니다. 목화솜처럼 하얀 눈, 그 눈을 맞으며 다정하게 이야기를 나누고 있는 세 분······.

그날 저녁 엄마가 끓여 주신 라면은 세상에서 가장 따뜻한 마음으로 요리한 최고의 만찬이었습니다.

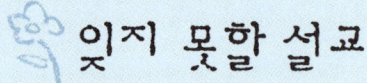 잊지 못할 설교

어느 큰 교회에서 있었던 일입니다.

예배당은 예배를 드리러 온 사람들로 이내 가득 찼습니다. 청년 하나가 사람들 틈을 비집고 예배당 안으로 들어서고 있었습니다.

헝클어진 머리, 땟국물이 줄줄 흐르는 너덜너덜한 옷에 맨발 차림은 보기에도 남루하기 짝이 없었습니다. 그를 쳐다보는 사람들의 얼굴에는 불편한 기색이 역력했습니다.

자리를 찾아 주위를 두리번거리는 청년에게 어느 누구도 자리를 내주려고 하지 않았습니다.

"아휴. 냄새야."

청년을 향해 거침없이 비난의 말을 내뱉기도 했습니다.

"아니 어떻게 저런 몰골로 예배당에 올 수가 있지."

모두들 혹시나 청년이 자기 옆에 앉을까 봐 눈치를 살폈습니다. 강단 앞까지 갔지만 앉을 자리를 찾지 못한 청년은 어찌할 바를 몰라 안절

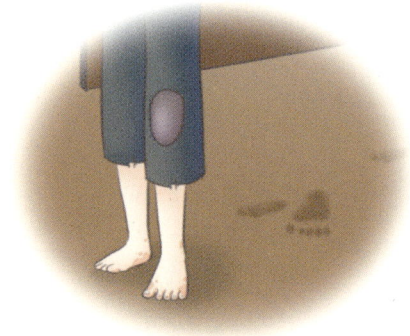

부절못했습니다. 그래서 하는 수 없이 강단 앞 빈 공간에 털썩 주저앉았습니다.

그때 머리가 하얀 노신사가 예배당에 들어섰습니다. 그러자 사람들은 청년이 지나갈 때와는 다른 행동을 보였습니다. 그가 앉을 수 있도록 옆으로 조금씩 비켜 앉았던 것입니다. 하지만 신사는 천천히 지팡이를 짚으며 청년이 앉아 있는 곳까지 갔습니다.

"저분이 저 청년한테 뭐라고 나무라든 간에 아무도 비난할 수 없을 거야."

사람들은 노신사가 신성한 예배 시간을 어지럽힌 청년을 따끔하게 야단칠 것이라고 생각했습니다. 그러나 상황은 뜻밖이었습니다.

"아, 저럴 수가."

"어쩜, 저기 앉을 수가 있지?"

　노신사는 청년을 혼내기는커녕 그 옆에 나란히 주저앉았습니다.

　사람들이 마련해 준 편하고 좋은 자리를 모두 마다하고 말입니다. 그때 목사가 설교를 시작했습니다.

　"여러분. 여러분은 오늘 뜻 깊은 모습을 가슴에 담을 수 있게 되었습니다. 제 설교가 아무리 좋다고 해도 시간이 지나면 금세 잊히게 마련입니다. 하지만 방금 보신 저 노신사 분의 행동은 분명 영원히 잊지 못할 감동으로 기억될 것입니다.

　여러분은 청년의 겉모습만 보고 예배를 드리려는 그의 경건한 마음까지도 하찮게 여겼습니다. 하지만 저 노신사는 묵묵히 청년 옆에 앉아 청년의 무안한 마음을 어루만져 주었던 것입니다. 백 마디의 멋진 말보다 더 큰 감동을 주는 것은 한 번의 따뜻한 행동입니다."

장수의 비결

방송국의 제작진이 경치 좋고 공기 맑은 어느 시골 마을을 찾았습니다.

우리나라 최고령 할머니를 취재하기 위해서였습니다. 제작진은 제일 먼저 할머니의 식생활을 주의 깊게 살펴보았습니다. 할머니의 건강 비결이 비싼 보약이나 영양가 높은 음식에 있다고 생각했기 때문이었습니다. 하지만 막상 할머니의 밥상을 보고 그들은 당혹감을 감추지 못했습니다.

"할머니, 매일 식사를 이렇게 하시나요?"

"그렇다우. 보리밥하고 된장국이 소화가 잘 되거든."

보리밥과 구수한 된장국에 나물 몇 가지. 시골에서 흔하게 볼 수 있는 단출하고 소박한 밥상이었습니다. 식생활에서 별다른 특이점을 찾지 못한 제작진은 때마침 마을 회관에서 열린 노인잔치에 할머니를 따라 참석하게 되었습니다.

백발이 성성한 어르신들과 할머니는 푸짐한 음식을 먹으며 즐거

장수의 비결 • **99**

운 시간을 보냈습니다.

그런데 바로 그때 제작진의 눈에 할머니만의 독특한 행동이 포착되었습니다.

밥 한 술 넣고 맛있다고 외치고, 국 한 술 뜨고도 좋아하는 할머니는 마치 추임새를 넣듯 같은 말을 반복했습니다.

"아따, 맛있다. 이것도 맛있고, 저것도 맛있고."

할머니의 감탄사가 쏟아질 때마다 여기저기서 웃음이 터졌고, 음식을 대접한 사람들도 할머니의 맛있다는 소리에 흐뭇해했습니다. 밥상을 물린 후 다과를 나누는 시간에도 할머니의 신명 나는 감탄사는 끊임없이 튀어나왔습니다.

"아따, 재밌네, 재밌어. 어이쿠, 잘한다. 호호."

신나게 손뼉까지 쳐 가며 상대의 이야기를 경청하는 할머니를

보면서 제작진은 탁 하고 무릎을 쳤습니다.

"그래 바로 저거야. 저게 장수의 비결이었어."

할머니의 장수 비결을 찾아낸 제작진은 흡족한 얼굴로 마을을 떠나 방송국으로 향했습니다.

칭찬 한마디로 사람들에게 웃음을 선물하고 행복하게 만드는 할머니. 이런 긍정적인 마음이 할머니의 몸과 마음을 지켜 주는 건강의 근원이요, 최고의 보약이었던 것입니다.

3

오백 원짜리
통닭

"아이가 통닭 값이라며 오백 원을 주는데 처음엔 당황했죠.
하지만 어린애가 모르고 한 일에 화를 내면 안 될 것 같더라고요.
돈 몇천 원에 아이가 상처를 받으면 안 되잖아요.
그래서 그냥 오백 원만 받고 돌아왔지요.
어머니께서 이렇게 오셨으니 저도 손해 본 건 아니니까
너무 미안해하지 마세요."

지하철에서 만난 부부

며칠 전 지하철에서 만난 중년 부부의 이야기입니다.

처음에는 둘이 손을 꼭 잡고 있는 모습이 곱게 보이지 않았습니다.

아내의 손을 잡아 자신의 무릎 위에 올려놓은 남편이나 남편 어깨에 머리를 기대고 앉아 있는 아내나 똑같이 한심해 보였습니다.

"사람이 이렇게 많은데 창피하지도 않나. 아휴."

젊은 사람들이야 철이 없어 그런다고 쳐도 나이를 먹을 만큼 먹은 어른들이 대낮부터 공공장소에서 애정 행각을 벌이고 있으니 애들이 뭘 보고 배울까 싶었습니다.

신경을 쓰지 않으려고 해도 자꾸 눈이 가는 것은 어쩔 수 없었습니다. 부부는 내릴 때가 돼서야 잡은 손을 풀었습니다. 그 순간 나는 보고야 말았습니다. 남편의 커다란 손에 가려진 아내의 손을

말입니다.

여자의 손은 검지와 중지가 반쯤 잘려나가 뭉툭했습니다. 그녀의 남편이 잡고 있던 것은 아내의 손만이 아니었습니다. 사람들의 따가운 시선에 상처 입고 아파할 아내의 마음까지도 꼭 잡고 있었던 것입니다.

나는 그런 사정도 모르고 부부의 겉모습만 보고 오해를 했던 것입니다. 아내의 불편한 손은 물론 편치 않은 마음까지도 세심하게 감쌀 줄 아는 남편. 그런 남편의 사랑을 받고 있는 아내의 모습에서 세상에서 가장 행복한 여자의 미소를 보았습니다.

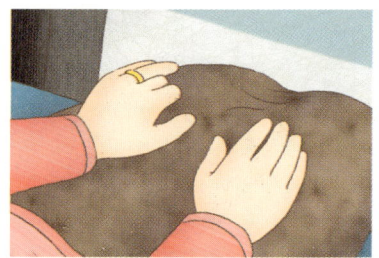

오백 원짜리 통닭

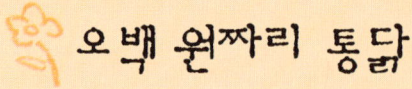

동생과 나는 쌍둥이 자매입니다.

십여 년 전 우리는 일곱 살 난 철부지들이었죠. 그때 우리가 엄마에게 받는 하루 용돈은 오백 원이었습니다.

"이야, 용돈이다. 엄마 감사합니다. 히히히."

오백 원은 가게에서 겨우 막대 사탕 하나 사 먹을 수 있는 푼돈. 그래도 우리에게는 더할 나위 없이 값진 돈이었습니다.

"내 오백 원으로 사탕 사서 나눠 먹고, 네 꺼는 저축하자."

"좋아 언냐."

우리는 오백 원으로 군것질도 하고, 돼지 저금통에 저축도 했습니다. 그러던 어느 날 엄마가 잠깐 외출을 하셨을 때였습니다.

내가 잠깐 낮잠을 자는 사이 동생이 통닭을 시켰다며 먹으라고 깨웠습니다.

"언니야. 통닭 먹어."

통닭이란 소리에 벌떡 일어난 나는 잠결에 우걱우걱 먹어 대기 시

작했습니다.

볼이 터져라 게걸스럽게 먹고 있던 그때 외출하고 돌아온 엄마가 화들짝 놀라며 다그쳤습니다.

"너희 이거 어디서 난 거야?"

겁을 집어먹은 내가 눈만 끔벅이고 있을 때, 동생이 태연하게 말했습니다.

"엄마가 주신 오백 원으로 제가 배달시켰어요."

오백 원으로 통닭 한 마리를 시켰다는 소리에 엄마는 얼굴이 하얗게 질려 곧바로 배달을 시킨 통닭집에 전화를 거셨습니다. 그리고 통화가 끝나자마자 지갑을 들고 헐레벌떡 밖으로 뛰어나가셨습니다.

통닭집에 간 엄마가 음식 값을 건네며 사과를 하자 주인아저씨는 괜찮다며 웃으셨다는군요.

"아이가 통닭 값이라며 오백 원을 주는데 처음엔 당황했죠. 하지만 어린애가 모르고 한 일에 화를 내면 안 될 것 같더라고요. 돈 몇천 원에 아이가 상처를 받으면 안 되잖아요. 그래서 그냥 오백 원만 받고 돌아왔지요. 어머니께서 이렇게 오셨으니 저도 손해 본 건 아니니까 너무 미안해하지 마세요."

"네… 그래도 죄송해요. 아이가 아무것도 모르고……."

가게 주인의 너그러운 배려에 깊은 고마움을 느꼈다는 엄마. 만약 그때 주인아저씨가 멋모르고 통닭 값이라며 오백 원을 건네는 동생을 따끔하게 혼냈더라면 어떻게 됐을까요?

동생은 어린 마음에 상처를 입었을 테고 어쩌면 어른들에 대한 잘못된 인상을 갖게 됐을지도 모릅니다. 동생의 실수를 넓은 마음으로 이해해 준 아저씨께 감사드립니다.

수술 뒤의 약속

의과대학 시절 나는 의학 공부에는 도통 관심이 없는 학생이었습니다.

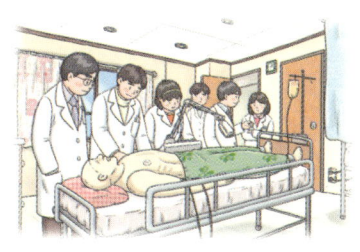

의학 공부는 내 적성에는 도무지 맞지 않다고 생각했기 때문이었습니다. 나는 의대생이면서도 주로 문학이나 예술 관련 책을 즐겨 보았습니다. 그래도 의대생이라 임상 실습만큼은 피할 수 없었습니다. 내 인생에서 가장 힘든 시기도 바로 그때였습니다.

"아, 정말 실습하기 싫다. 도대체 왜 이런 공부를 억지로 해야 되는 거야."

일찌감치 정신과를 선택한 나는 불필요하다고 생각하는 수업은 대충 때웠습니다. 실습 기간 동안에도 친구들 뒤만 졸졸 따라다녔고, 외과 교수님 눈에 띄지 않으려고 요리조리 피해 다니기 바빴습니다. 중요한 외과 강의도 슬렁슬렁 대충대충 듣고 넘겼습니다. 그날도 나는 강의 시간 내내

수술 뒤의 약속 · 113

소설책에 푹 빠져 있었습니다. 그런데 수업이 끝날 무렵 교수님이 뜻밖의 이야기를 꺼내셨습니다.

"평소 즐겨 읽는 의학 잡지에서 아주 인상 깊은 글을 읽었습니다. 수술이 있는 날에는 절대 약속을 잡지 말라는 내용이었죠."

교수님은 그 글을 읽은 후 지금껏 단 한 번도 수술이 있는 날에 약속을 잡은 적이 없다고 하셨습니다.

수술 뒤에 약속이 있으면 마음을 조급하게 만들 수 있고, 소중한 생명을 앞에 두고 딴생각을 하는 것은 의사의 도리가 아니라고 말씀하셨습니다.

"의사가 될 마음이 조금이라도 있다면 오늘 내가 한 말을 꼭 기억하시기 바랍니다."

생명을 다루는 의사에게는 아무리 작은 실수도 결코 용납될 수

없다는, 의사의 사명감과 정신을 강조한 말씀이었습니다. 당신의 생활은 뒤로한 채 환자에게만 집중하는 교수님의 신념도 엿볼 수 있었습니다. 교수님의 말씀은 많은 학생들 중에서도 특히 나를 향한 충고처럼 들렸습니다. 명의名醫는 기술뿐만 아니라 진심으로 환자를 생각하는 마음가짐이 밑바탕이 되어야 한다는 것을 그날 새삼 깨달았습니다.

지금 나는 외과 의사는 아닙니다. 비록 정신과 의사로 살고 있지만, 환자와 마주할 때마다 교수님의 말씀을 떠올립니다. 사람들의 아픔을 치료하기 위해 내가 맡은 일에 내 전부를 걸고 집중하는 마음. 오늘의 나를 있게 한 소중한 가르침입니다.

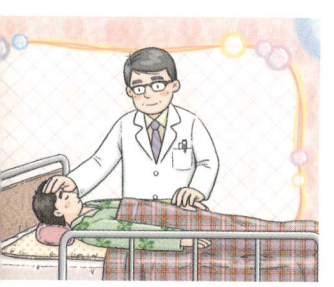  

어머니와 이모님

이모님과 친정어머니는
터울이 십 년도 더 나는 자매입니다.

세 살 때 엄마를 여의고 언니 품에서 자라다시피 한 어머니. 그런 어머니에게 이모님은 엄마 같은 존재였습니다. 그래서인지 이모님을 향한 어머니의 마음은 참 각별하십니다. 이모님 또한 어머니를 동생 이상으로 한평생 챙기고 보살피셨고요.

어머니가 이모님의 병 수발을 들게 된 건 2년 전 이종사촌 오빠의 사업이 부도나면서부터입니다. 그 일로 오빠가 이혼까지 하게 되자 이모님은 그 충격으로 당뇨가 재발하며 시력까지 잃으셨습니다. 그리고 종적을 감춘 오빠를 대신해 어머니가 이모님의 보호자가 되어야 했습니다.

"엄마, 병 수발 그거 아무나 하는 거 아니에요."

"나도 안다. 하지만 어렸을 때 언니가 곁에서 날 지켜준 것처럼 이젠 내가 언니를 지켜드릴 차례야."

누군가의 도움 없이는 한 발짝도 움직일 수 없는 이모님. 하지만 그 곁을 노상 지

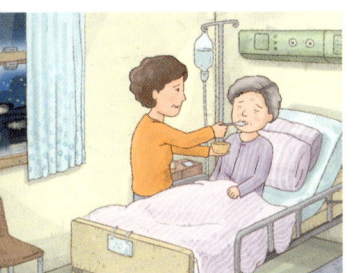  

키고 계신 어머니를 보는 일은 자식 입장에서 여간 속상한 일이 아니었습니다.

"아휴. 속상해. 저러다 엄마마저 병나면 어쩌시려고."

그렇게 몇 달이 지났습니다. 하루는 어머니가 이모님에게 받은 것이라며 내게 통장 하나를 보여 주셨습니다.

"네 이종사촌 오빠가 사업이 잘될 때 꼬박꼬박 용돈을 넣어 준 통장이라고 하더구나. 약값에 보태라고 주셨단다."

어머니는 내게 앞으로 그 통장에 용돈을 넣어 달라고 부탁하셨습니다. 그것도 사촌 오빠의 이름으로 말이죠. 어머니의 깊은 뜻을 눈치채고 나는 감동하지 않을 수 없었습니다. 그래서 어머니가 시킨 대로 매달 말일이면 이모님 통장으로 용돈을 보내기 시작했습니다. 물론 사촌 오빠의 이름으로 말이죠.

이모님은 매달 통장에 돈이 입금되면 사촌 오빠가 입금한 것이 맞는지 주변 사람들에게 물으셨습니다.

"통장 좀 봐 주세요. 아들 이름으로 들어온 게 맞아요?"

"예, 맞네요. 분명 아드님 이름으로 들어왔어요."

사정을 전혀 모르는 이모님은 그저 오빠가 다시 자리를 잡고 보내 주는 돈인 줄만 알고 무척이나 기뻐하셨습니다. 덕분에 건강도 좋아져 지금은 어머니 도움 없이 식사도 잘 하고 혼자 걸을 수도 있게 되셨습니다.

오늘도 두 분은 손을 꼭 잡고 산책을 나섭니다. 머리에 하얀 서리가 내려앉은 팔순 언니와 칠순 동생이 나란히 걷는 모습은 참으로 보기 좋습니다. 자매간의 애틋한 사랑이 인생의 황혼기를 아름답게 물들이고 있습니다.

발 씻겨 주는 아빠

몇 년 전 교통사고를 당한 남편은 지체장애인이 되었습니다.

오른쪽 팔다리가 마비되면서 건강한 몸과 평범한 삶을 모두 잃어버렸습니다.

"네? 남편의 오른쪽 몸이 마비가 됐다고요?"

당시 내 뱃속에는 우리의 첫 아기가 자라고 있었습니다. 왜 하필 우리 부부가 이런 시련을 겪어야 하는지……. 우리는 무심한 하늘을 원망하며 고통스럽게 하루하루를 보냈습니다.

"여보 미안해. 정말 미안해, 흑흑흑……."

남편은 끊임없이 스스로를 책망하고 학대했습니다. 그때까지만 해도 우리에게 닥친 불행은 영원히 계속될 것만 같았습니다. 시나브로 남편의 장애는 우리 가족의 일상이 되어 갔습니다. 남편도 몸과 마음을 추스르고 일어나 예전처럼 열심히 살고 있습니다. 남편이 자리에서 일어나 힘을 내어 살아가는

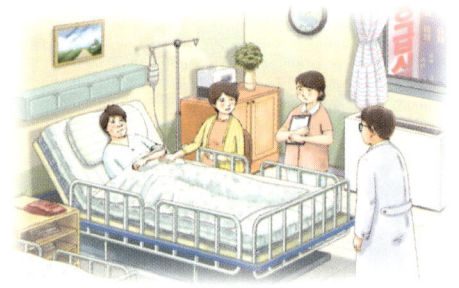

것만으로도 고마운데 언제부턴가는 저녁마다 아이들의 발을 씻겨 주기 시작했습니다. 마비된 오른쪽 몸을 벽에 기대고 왼손만을 이용해 발을 씻기는 모습이 무척 힘들어 보였지만 깊은 뜻이 있겠지 싶어 일부러 모른 척했습니다. 그러다 두 달이 지난 후에 궁금증을 참지 못하고 그 이유를 물었습니다.

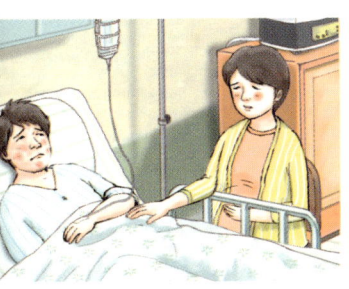 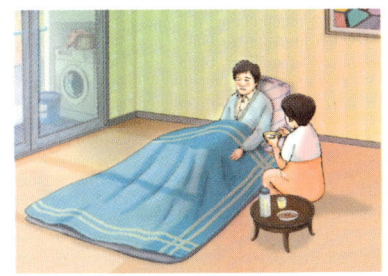 

"여보. 왜 매일 저녁 아이들의 발을 씻겨 주는 거예요? 힘들지 않아요?"

"난 다른 아빠들처럼 아이들하고 뛰어다니며 놀아 줄 수 없잖아. 그래서 건강하게 잘 뛰어놀라고 아이들 발이라도 깨끗이 닦아 주고 싶어서 그래."

남편의 대답을 듣고 나는 가슴 한구석이 뜨거워졌습니다. 부축

을 받거나 벽에 의지해야만 겨우 거동할 수 있는 몸으로 아이들의 발만은 자기 손으로 씻겨 주고 싶다는 남편. 그것조차도 커다란 축복으로 생각하는 사람.

남편은 같이 있는 것만으로도 힘이 되는 우리 집 가장입니다. 간혹 저에게 힘들지 않느냐고 대놓고 물어보는 사람들이 있습니다.

그때마다 나는 이렇게 대답합니다.

고단하고 힘들다고. 하지만 그 힘겨움 속에서 삶에 감사하는 마음을 배웠노라고. 소중한 가족에 대한 사랑을 얻었노라고 말입니다.

연습 벌레

20세기 세계 10대 첼리스트 중 한 사람인 모리스 장드롱은
1920년 프랑스 니스에서 태어났습니다.

　그는 젊은 시절 세계적인 화가 파블로 피카소를 만나고 나서야 비로소 예술의 진정한 의미를 알게 되었습니다. 당시 그는 피카소에게 그림 한 장을 그려 달라고 부탁했습니다.

　"첼로는 제 목숨만큼이나 소중합니다. 그래서 선생님께서 그리신 첼로 그림 하나를 가지고 싶은데 그려 주실 수 있나요?"

　"음. 그러지. 자네에게 어울리는 근사한 첼로를 그려 주겠네."

　피카소는 흔쾌히 허락했고, 장드롱은 그림이 완성되기만을 기다렸습니다. 그러나 그 후 몇 번이나 더 피카소를 만났지만 그림에 대한 이야기는 단 한 마디도 듣지 못했습니다.

　"왜 말씀이 없으시지? 아직 못 그리셨나……."

　오랫동안 그림에 대한 이야기를 듣지

연습 벌레 · 125

못하자 그는 피카소가 그냥 지나가는 말로 대답한 것으로 생각하고 첼로 그림에 대한 욕심을 접었습니다.

10년이나 흐른 어느 날이었습니다. 피카소는 장드롱에게 뜻밖의 선물을 건넸습니다. 그것은 바로 그가 그토록 가지고 싶어 했던 첼로 그림이었습니다.

"아, 이건 첼로 그림이 아닙니까?"

그 자신도 이미 까맣게 잊고 있던 터라 깜짝 놀라 어떻게 된 일이냐고 물었습니다. 피카소가 대답했습니다.

"나는 자네에게 첼로 그림을 부탁받은 날부터 매일같이 첼로 그리는 연습을 했다네. 그러다가 10년 만에 마음에 드는 첼로를 그리게 돼서 이제야 주는 걸세."

10년 만에 완성된 첼로 그림을 보며 그는 깨달았습니다. 진정한 예술이란 오랜 세월에 걸쳐 갈고 다듬어야만 비로소 빛을 발한다는 것을 말입니다. 그 후 모리스 장드롱은 '연습 벌레'라는 별명이 붙을 만큼 오로지 연습에 시간과 노력을 쏟아 부었습니다. 예술가에게 재능만큼이나 중요한 것은 바로 겸손한 마음으로 꾸준히 연습하고 노력하는 자세라는 것을 피카소를 통해 배웠기 때문입니다.

이분이 내 어머니야

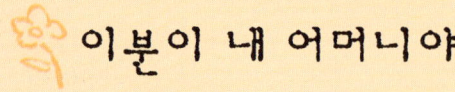

어느 무더운 여름, 나는 가스 회사 검침원으로 일했습니다.

해가 떨어지기 전에 일을 끝마치기 위해 오토바이를 타고 부지런히 이 집 저 집을 다녔습니다. 그러다가 뜻밖의 상황을 겪게 되었습니다. 어른들이 집을 비우고 아이들밖에 없는 어느 집의 초인종을 눌렀을 때였습니다.

"누구세요?"

"가스 검침하러 나왔는데 문 좀 열어 주세요."

대문을 열어 준 건 아들 또래로 보이는 남자 고등학생이었습니다. 나는 그 학생을 따라 거실 구석에 있는 가스계량기로 가다가 가슴이 철렁 내려앉았습니다. 거실에 아들이 굳은 표정으로 서 있었던 것입니다. 나는 문득 오래 전 일이 떠올라 몹시 당황했습니다.

10년 전 요구르트를 배달하던 때에도 친구네 집에서 놀고 있던

이분이 내 어머니야 •129

아들과 마주친 적이 있었습니다. 나는 반가운 마음에 요구르트를 건넨 것뿐인데 당시 초등학생이던 아들은 배달 일을 하는 엄마가 부끄러웠는지 내 손을 거칠게 뿌리치고 밖으로 뛰쳐나갔습니다.

나에게는 아직 그 모습이 가슴에 선명하게 남아 있기에 이번에는 아들을 모른 척하려고 고개를 돌렸습니다. 아들이 친구들을 향해 소리친 것은 바로 그때였습니다.

"너희들 뭐 하고 있어? 우리 어머니시다. 인사들 해라."

"아… 안녕하세요."

당황한 내게 아들은 넉살 좋게 수박 한 조각을 건네며 걱정 어린 말도 해 주었습니다.

"어머니 밖이 많이 덥죠? 시원한 수박 한 조각 드세요."

"어… 그, 그래. 고맙구나."

 심지어 아들은 제가 검침을 마치고 갈 때 밖에까지 따라 나와 운전 조심하라며 배웅까지 해 주었습니다. 그런 아들의 모습에 눈물이 핑 돌았습니다. 어느새 몸도 마음도 훌쩍 자라 엄마를 이해하기 시작한 아들. 아들에게 부끄럽지 않은 엄마가 되기 위해서라도 더 열심히 살아야겠다는 생각을 하며 오토바이에 시동을 걸었습니다.

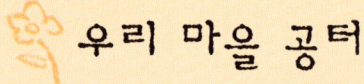 우리 마을 공터

우리 집 근처에는 집터만 한 땅이 버려진 채
아무렇게나 방치돼 있습니다.

돌보는 사람이 아무도 없어 쓰레기 더미가 계속 쌓여 가는 그 땅은 마을의 애물단지였습니다.

어차피 주인 없는 빈 땅. 우리 가족은 그 땅을 놀리느니 고구마를 심어 보자고 의견을 모았습니다.

농사에는 문외한이었지만 관련 책을 찾아보기도 하고 인터넷 검색도 해서 우리는 고구마를 기르는 법에 조금씩 눈을 뜨기 시작했습니다. 우여곡절 끝에 파릇파릇한 고구마 줄기가 힘차게 뻗어 나가기 시작했습니다. 그러던 어느 날 할머니 한 분이 찾아왔습니다.

"고구마 줄기가 싱싱하게 잘 자랐네요. 저, 실례가 안 된다면 줄기만 좀 따 가면 안 될까요?"

우리는 죄송하다며 할머니의 부탁을 거절했습니다. 뿌리가 튼튼하려면 우선 줄기가 무성해야 하는 법. 인심 한 번 잘못 썼다

우리 마을 공터 • 133

가 농사를 망치고 싶진 않았습니다. 그런데 며칠 후 할머니는 이번에는 집까지 찾아와서 간청하셨습니다.

두 번이나 매몰차게 부탁을 거절하기가 어려워서 허락을 했는데 얄밉게도 할머니는 그 많은 고구마 줄기 중에서도 굵은 줄기만 골라서 따 가시는 게 아니겠습니까? 그걸 지켜보고 있자니 속이 탈 지경이었습니다. 그건 딸도 마찬가지였습니다.

"엄마, 저러다가 우리 고구마 다 죽어 버리는 거 아니에요?"

우리 가족은 할머니 때문에 정성 들여 키운 밭이 엉망이 됐다며 불만과 푸념을 토해 내고 있었습니다. 그런데 어느 날 아버지께서 미처 몰랐던 사실 하나를 알려 주셨습니다. 할머니의 얄미운 행동에 대한 오해를 풀어 주는 정보였습니다.

"어라, 다들 이 책 좀 읽어 봐. 고구마 줄기는 뿌리의 영양분을

흡수해 버린다고 하네. 그래서 줄기를 수시로 따 줘야 뿌리가 잘 여물 수 있대."

우린 잘 알지도 못하고 할머니를 무조건 경계하고 원망했던 것입니다. 다음 날 아침 우리 가족은 할머니께서 현관문 앞에 몰래 놓고 간 양말과 편지 한 통을 받았습니다.

'덕분에 고구마 줄기를 팔아서 용돈을 많이 벌었다우. 정말 고마워요.'

그리고 밝혀진 놀라운 비밀.

'그 공터는 실은 내 땅이라우. 늙어서 기운이 없다 보니 도무지 손 쓸 엄두가 안 났는데 잘 가꾸어 줘서 정말 고마워요.'

할머니는 죽어 가는 땅에 생기를 불어넣어 줘서 고맙다고 하셨습니다. 따지고 보면 땅을 쓸 수 있게 허락해 주셨으니 오히려 우리가 감사해야 하는 것이 맞는 일이지요.

우리 마을의 작은 공터에는 할머니의 마음을 닮은 고구마가 단단하게 여물어 가고 있습니다.

더불어 이웃 간의 정과 사랑도 달콤하게 익어 가고 있습니다.

꿈꾸는 우유

이른 아침 멀리서 들려오는 낯익은 차 소리에
아이들의 눈망울이 반짝입니다.

"우유 배달 왔습니다."

"우유 배달 아저씨, 아주머니 안녕하세요."

매일 아침 부모 없는 아이들에게 우유를 전하고 있는 두 사람은 의정부에서 우유 대리점을 운영하는 정광현, 박미순 씨 부부입니다. 부모의 사랑을 받지 못한 아이들에게 이들 부부의 우유는 엄마의 사랑과 아빠의 마음처럼 부드럽습니다. 우유를 마시고 토실토실 살이 오른 아이들을 보면 마음이 푸근해진다는 부부. 부부가 아동 보호소와 영아원에 무료로 우유를 배달하기 시작한 것은 7년 전부터입니다.

박미순 씨는 우유를 배달하는 길에 우연히 기저귀가 많이 널린 집을 발견했습니다.

"이 집엔 애들이 많은가 보네."

혹시나 우유 주문을 받을 수 있을까 해서 들어가 본 그곳은

아동 보호소였습니다. 한창 사랑 받을 나이에 부모로부터 버림받은 아이들이 한 곳에 모여 살고 있었습니다. 집에 돌아와서도 그 아이들의 슬픈 눈빛이 잊히지 않자 그녀는 남편과 함께 도와 줄 방법을 고민했습니다.

"여보, 보호소에 있는 애들한테 우유를 주면 어떨까요?"

남편인 정광현 씨도 아내의 뜻에 선뜻 동의했습니다. 가진 것이라고는 우유밖에 없어 나눠 줄 수 있는 것도 우유뿐. 그나마 보탬이 될 수 있다는 사실에 부부는 기뻤습니다.

그날 이후 부부는 무려 7년 동안 아동 보호소에 우유를 배달하고 있습니다. 부부가 한 해 동안 아이들에게 가져다주는 우유는 오백만 원어치 분량입니다. 사업 실패로 빚을 진 부부에게는 결코 적지 않은 액수였지만 조금도 아깝지 않습니다. 우유에 담긴 애정이 한 아이의 꿈이 된다는 것을 알기 때문입니다. 그렇기 때문에 부부는 더욱 힘을 내 배달하고 있습니다.

고소한 우유를 마시며 환한 웃음을 짓는 아이들을 보며 부부는 알게 됐습니다. 진정한 마음이 담긴 나눔이 행복의 시작이라는 것을 말입니다.

건강 방귀 가족

2년 전 내가 암 수술을 받은 후 우리 가족에게는
특이한 습관 하나가 생겼습니다.

텔레비전을 볼 때나 밥을 먹을 때나 아무 때고 서로 눈치를 보지 않고 '뿌웅' 하고 방귀를 뀌는 것입니다.

우리 가족을 방귀 가족으로 만든 주범은 다름 아닌 마늘입니다.

텔레비전에서 마늘이 암 예방에 좋다는 뉴스를 보고 우리 가족은 생마늘을 먹기 시작했습니다. 그러자 방귀도 자주 뀌게 됐고, 방귀에서는 마늘 냄새가 나기 시작했습니다. 맡아 본 사람은 알 겁니다. 마늘 방귀 냄새가 숨도 못 쉴 정도로 지독하다는 것을요. 한번 맡았다 하면 잠이 다 달아날 정도입니다. 화장실에서 큰일을 보고 나오면 방향제를 뿌리고 환기를 시켜도 냄새가 가시지 않을 만큼 고약합니다.

남편은 꼭 중요한 회의를 할 때마다 방귀가 나오려고 해서 참느라고 혼이 납니다.

건강 방귀 가족 • 143

"윽, 어떡하지. 나올 거 같은데. 그냥 해 버려? 안 돼. 참아야 돼. 이 냄새를 맡으면 사람들이 쓰러져서 못 일어날 거야."

사태가 이 정도쯤 되면 안 먹을 법도 한데도 남편은 집에 오자마자 마늘부터 찾습니다.

우리 가족 모두가 방귀에 시달리면서도 마늘 예찬론자가 된 데는 그만한 이유가 있습니다. 마늘 덕에 오랜 시간 남편 발에 기생하고 있던 무좀균이 깨끗이 사라졌고 내 얼굴에 깨알같이 나 있던 기미도 말끔히 사라졌습니다. 딸아이는 어떻고요. 푸짐했던 살이 쏘옥 빠지면서 건강한 몸을 갖게 됐습니다.

그중 가장 행복한 변화라면 내가 암에 걸리면서 무겁게 가라앉았던 우리 집에 웃음소리가 끊이지 않게 됐다는 것입니다.

"읍! 아빠, 오늘 방귀 냄새가 자동차 매연보다 더 지독한데요."

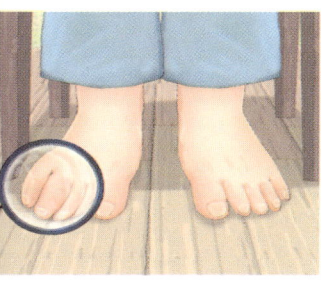
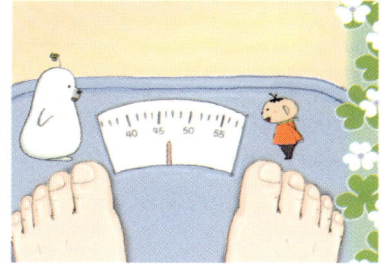

"네 냄새도 만만치 않은데. 허허허."

 방귀로 스트레스까지 한 방에 날려 보내는 우리는 일명 '뿡뿡이' 가족. 길을 가다가도, 일을 하다가도, 수업을 듣다가도 수시로 비집고 나오는 방귀 때문에 긴장할 때도 많지만 괜찮습니다. 집에 오면 스스럼없이 소리도 들어주고, 냄새도 맡아 주는 사랑스런 가족이 있으니까요. 우리 가족은 서로의 지독한 냄새까지도 감싸 안아 주는 든든한 울타리입니다.

4

되찾은
약손가락

기는 병원마다 치료가 불가능하다는
절망적인 이야기만 듣게 됐습니다.
그러면 분명 괴로워야 할 텐데 참 이상했습니다.
괴롭기는커녕 무거웠던 가슴이 홀가분해지고 편안해졌으니까요.
"아휴, 미안하다. 근이야."
온전한 약손가락을 가질 수 있다는 희망보다
나는 더 큰 선물을 받았던 것입니다.
그것은 바로 나를 위해 불철주야 뛰어다니는
아버지의 정성이었고 병원을 나오면서
아버지가 건넨 진심 어린 한마디였습니다.

세상에서 가장 맛있는 라면

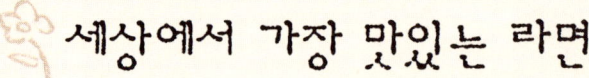

대학 졸업이 코앞에 닥쳐오자 초조하고 조급한 마음이 좀처럼 누그러지지 않았습니다.

학점은 낮고, 영어 성적은 계속 제자리걸음이고……. 나는 무엇 하나 내세울 게 없는 보잘것없는 취업 지망생에 불과했습니다. 그러다 교수님의 추천을 받아 간신히 이력서를 낸 곳이 라면 회사였습니다. 반신반의하며 지원했던 터라 면접까지 보게 되었을 때는 내심 자신감이 생겼습니다. 하지만 딱딱하고 엄숙한 면접 분위기에 금세 기가 죽었습니다. 그때 내게 면접관이 질문을 했습니다.

"세상에서 가장 맛있는 라면이 어떤 라면이라고 생각하십니까?"

다행히 나에게 이 질문은 어려운 질문이 아니었습니다. 이미 오래전부터 답을 알고 있었기 때문입니다.

"사실 저는 라면을 별로 좋아하지 않습니다."

면접관이 당황한 표정을 지었지만 나는 용기 있게 말을 이어갔습니다.

세상에서 가장 맛있는 라면 • **149**

"저희 어머니는 라면에 얽힌 아픈 기억이 있어서 어렸을 때부터 라면을 먹지 못하게 하셨습니다."

제 어머니는 가난 때문에 꽃 같은 청춘의 대부분을 방직공장에서 일하며 보내셨습니다. 바쁘게 일하다 보니 먹을 때를 놓쳐 항상 푹 퍼져 버린 라면으로 허기진 배를 채우곤 하셨습니다. 어머니는 그래서 라면이 원래 푹 퍼진 국수인 줄 아셨습니다. 집안 살림이 어느 정도 안정이 되고 나서야 처음으로 알맞게 익은 꼬들꼬들한 라면을 드시고 어머니는 가슴이 미어져라 슬프게 우셨습니다. 그 후로 어머니에게 라면은 다시는 떠올리고 싶지 않은 '가난의 아픔' 같은 것이 되어 버렸습니다.

"그런데 몇 년 전 라면이라면 냄새도 맡기 싫다던 어머니가 라면이 먹고 싶다고 하셨습니다."

　어머니가 자궁 적출 수술을 받고 난 직후입니다. 여자에게 자궁은 나무의 뿌리와 같습니다. 여자로서의 삶이 시들해지면서 어머니는 다시 라면을 찾으셨습니다. 이제 라면은 어머니에게 가난의 기억이 아니었던 것입니다. 몸도 마음도 건강하고 꿈도 많았던 시절에 대한 아름다운 향수요, 그리운 추억이었습니다. 어머니는 후루룩 소리도 내면서 국물까지 맛있게 드셨습니다.

　"세상에서 가장 맛있는 라면이 무엇이냐고 물으셨지요? 제게 세상에서 가장 맛있는 라면은 추억으로 퉁퉁 불은 라면입니다."

　내가 말을 마치자 딱딱했던 면접관들의 표정에 흐뭇한 미소가 어른거렸습니다.

　그렇게 해서 나의 첫 직장은 라면 회사가 되었습니다.

🌼 파란 해님

아들이 다섯 살 때 유치원에서 색깔을 배울 때의 일입니다.

"민혁아, 이건 무슨 색이야?"

"하늘의 해님처럼 뜨거운 빨간색이요."

"잘 아네. 그럼 이것도 무슨 색인지 알겠어?"

"바다처럼 시원한 파란색이요. 난 파란색이 제일 좋아요!"

유독 더위를 많이 타서 그런지 아들은 유난히 파란색을 좋아했습니다.

하루는 '여름방학에 있었던 일'이란 주제로 유치원에서 그림 숙제를 받아 온 아들이 도화지에 시골 과수원과 탐스런 수박을 한가득 그렸습니다. 그런데 아들이 다 그렸다며 그림을 자랑스럽게 보여 줬을 때 나는 깜짝 놀랐습니다.

"어엉? 이상하네. 왜 색깔이 이렇지?"

빨간 태양이 있어야 할 자리에 파란 태양이 있었기 때문이었죠.

"민혁아. 왜 해님이 파란색이야? 해님은 원래 붉은색이잖아."

아들이 아무리 파란색을 좋아해도 잘못된 건 바로잡아 주자는 생각에 꺼낸 말이었는데 아들은 뜻밖의 이야기를 했습니다.

"엄마. 저는 해님이 파랬으면 좋겠어요. 그래야 해가 쨍쨍 내리쬐는 무더운 여름에도 과수원에서 일하는 할머니가 시원하게 일할 수 있잖아요."

아이의 말을 듣고 다시 그림을 들여다보니 그제야 밭에서 일하고 계신 어머니가 보였습니다. 얼마 전 여름방학을 맞아 할머니 댁에 내려갔을 때 어린 마음에도 뙤약볕에서 일하는 할머니가 안타까웠던 모양입니다.

파란 해님은 무더위에도 일을 하는 할머니에게 시원한 여름을

선물하고 싶은 아들의 마음이었던 것이죠. 어린 아들만큼도 어머니의 고생을 헤아리지 못했던 저 자신이 부끄러웠습니다. 해님이 빨강이면 어떻고 파랑이면 어떻습니까. 그 안에 담긴 아이의 마음

빛깔은 언제나 곱고 아름다운데요. 파란 해님이 떠 있는 그림 속 어머니는 얼굴에 시원한 미소를 짓고 있는 듯 보였습니다.

교장 선생님은 간식 요리사

충청남도 당진에 있는 면천중학교에는
다른 학교에는 없는 간식 요리사가 있습니다.

오후 5시가 되면 스피커를 통해 교실마다 간식 시간을 알리는 방송이 나옵니다.

"얘들아, 간식 시간이다. 오늘 메뉴는 김밥이다."

그 말이 떨어지기가 무섭게 아이들은 학교 행정실로 우르르 몰려갑니다. 탁자 위에 수북하게 쌓인 음식을 본 전교생 117명의 입가에 미소가 가득합니다.

"우와, 맛있겠다!"

"감사히 잘 먹겠습니다. 교장 선생님."

매일 방과 후 자율 학습을 하는 학생들에게 간식을 손수 만들어 주고 계신 분은 다름 아닌 김성삼 교장 선생님입니다. 재료 선택에서부터 음식 조리까지 손수 하실 정도로 정성을 쏟고 있습니다. 그가 간식 도우미로 나선 것은 면천 중학교에 부임하기 전 미

교장 선생님은 간식 요리사 • 157

산중학교에 근무할 때부터입니다.

그가 지난 2004년도까지 몸을 담고 있던 미산중학교는 산골에 있는 학교여서 근처에는 학원조차 없었습니다. 게다가 대부분의 부모님들은 농사일로 바빠서 수업이 끝나면 미산중학교 학생들은 할 일이 없었습니다. 고민 끝에 생각해 낸 것이 밤 9시까지 아이들에게 자율 학습을 시키는 것이었습니다. 의도는 좋았지만 문제가 있었습니다. 그 시간까지 아이들을 학교에 데리고 있으려면 간식이 필요했던 것입니다. 그러나 급식 시설은커녕 간식을 만들 직원도, 재료를 구입할 예산도 없는 것이 현실이었습니다.

그는 학교 근처에 있는 한국수자원공사 보령관리공단을 찾아가 도움을 청했습니다.

"저희 학교 아이들의 간식비를 지원해 주셨으면 합니다."

　그의 제안이 흔쾌히 받아들여지면서 보령관리공단 측으로부터 학기당 700만 원의 간식비를 지원 받게 되었습니다. 음식 만드는 일은 걱정이 없었습니다. 어려서부터 어머니에게 배우고 익힌 그의 요리 솜씨는 순식간에 김밥으로 탑을 쌓을 만큼 수준급이었으니까요.

　미산중학교에서 면천중학교로 옮긴 후에는 자비를 털어서 계속 간식을 만들었습니다.

　"교장 선생님이 주신 간식과 그 인자한 마음은 평생 잊지 못할 것입니다."

　학교 인터넷 홈페이지에 올린 아이들의 감사 인사를 볼 때 가장 큰 보람을 느낀다는 김성삼 교장 선생님. 엄마의 마음으로 아이들을 챙기고 아빠의 마음으로 가르치는 그에게 모든 학생들은 친 아들딸과 같습니다.

되찾은 약손가락

나는 보통 사람들보다 한 마디 정도 짧은
약지를 가지고 있습니다.

일곱 살 때 당한 사고 때문입니다. 엄마가 나를 잠시 외가에 맡기고 일을 나갔을 때 사촌 오빠와 낫을 가지고 놀다가 그만 손가락이 잘려 나갔던 것입니다. 회생이 불가능하다는 의사의 말은 외할머니의 가슴에 커다란 못을 박았고 어머니에게는 씻을 수 없는 죄책감을 안겨 주었습니다. 아버지에게도 짧아진 내 왼손 약손가락은 평생의 상처로 남았습니다. 생활에는 지장이 없지만 간혹 사람들이 흘끗흘끗 쳐다보는 시선이 느껴질 때면 어떻게든 손을 감추려고 애썼습니다. 그리고 그런 날이면 괜스레 부모님에게 신경질을 부렸습니다.

"이 손가락 때문에 친구들까지 겁을 먹고 지나가는 사람들이 쳐다본다고요. 평생 이러고 어떻게 살아요, 흑흑……."

부모님을 탓하고 원망하면서 불평불만을 쏟아 내고 나면 그나마 마음이

풀리고는 했습니다.

그렇게 세월이 흐른 뒤 어느 날 갑자기 아버지께서 같이 병원에 가 보자고 하셨습니다.

"여기저기 알아봤더니 손가락을 고칠 수 있을지도 모른다고 하더구나."

어쩌면 나도 다시 멀쩡한 약손가락을 가질 수 있을지도 모른다는 꿈에 부풀어 그날부터 아버지를 따라 병원을 찾아다녔습니다. 하지만 가는 병원마다 치료가 불가능하다는 절망적인 이야기만 듣게 됐습니다. 그러면 분명 괴로워야 할 텐데 참 이상했습니다. 괴롭기는커녕 불가능하다는 소리를 들으면 들을수록 무거웠던 가슴이 홀가분해지고 편안해졌으니까요.

온전한 약손가락을 가질 수 있다는 희망보다 나는 더 큰 선물을

받았던 것입니다. 그것은 바로 나를 위해 불철주야 병원을 알아보고 다니는 아버지의 정성이었고 병원을 나오면서 아버지가 건넨 진심 어린 한마디였습니다.

"아휴, 미안하다. 근이야."

그동안 내가 힘들었던 것은 짧은 손가락 때문이 아니었습니다. 내 처지와 상황이 억울하고 서러워서였습니다. 그런데 병원을 수소문하고 다니는 동안 아버지가 보여 준 깊은 사랑은 내 억울함을 깨끗하게 치료해 주었습니다. 가슴에 깊게 팬 상처를 말이죠.

얼마 후 내 왼손에는 아버지의 사랑을 닮은 반짝이는 반지 하나가 끼워졌습니다. 이 반지는 아버지의 사랑 덕분에 더 이상 부끄럽지 않게 된 약손가락을 떳떳하게 내보이자고 스스로에게 선물한 반지였습니다.

아내의 아버지, 딸의 시아버지

양가 상견례가 있던 날 안사돈의 부축을 받고 들어오는 바깥사돈을 보는 순간 나는 할 말을 잃고 말았습니다.

20여 년 전에 돌아가신 아버지의 모습과 똑같았기 때문이었습니다. 아내는 중풍에 걸린 아버지를 간병하느라 무려 7년을 고생했습니다. 아내의 고생을 곁에서 쭉 지켜보았기에 그 일이 얼마나 고생스러운지 나는 잘 알고 있습니다. 그런데 금쪽 같은 딸아이가 똑같은 길을 걷게 됐다고 생각하니 눈앞이 캄캄했던 것입니다. 나는 생각만 해도 속이 바짝바짝 타들어 가는데 아내는 뭐가 그렇게 좋은지 연신 싱글벙글이었습니다.

"아, 예. 그렇군요. 그러면 제가 날짜 받아 놓은 게 있는데 이 자리에서 아예 날까지 잡으시는 건 어때요?"

그러더니 아내는 덜컥 결혼 날짜를 잡아 버리더군요. 그날 밤 나는 기가 막히고 화가 나서 도저히 잠을 이룰 수가 없었습니다. 내가 계속해서 뒤척거리자 아내가 다그치듯 말했습니다.

"당신 도대체 왜 그래요? 아까는 한마디도 안 하고. 뭐가 그렇게 불만인데요. 사위 될 사람이 맘에 안 들어요?"

아내의 물음에 나는 기다렸다는 듯 대답했습니다.

"그럼 당신은 맘에 들어요? 우리 딸이 병든 시아버지 시중을 들게 생겼는데, 잠이 와요?"

내가 언성을 높이자 아내는 어이없다는 표정을 지었습니다.

"뭐, 뭐예요? 내가 당신하고 결혼할 때 아버님은 거동조차 못 하셨어요. 그런데도 내가 당신한테 시집간다고 해서 우리 아버지 가슴을 아프게 했다고요. 당신, 그런 우리 아버지 생각은 한 번이라도 해 봤어요. 해 봤느냐고요? 그때 아버지 속이 얼마나 상하셨을지. 흑흑흑……."

그동안 한 번도 입 밖에 낸 적이 없는 아내의 하소연에 나는 할 말이 없었습니다. 아내도 분명 장인어른의 귀한 딸이었으니까요. 그런데도 나는 아내가 아버지를 모시는 일은 며느리가 해야 하는

  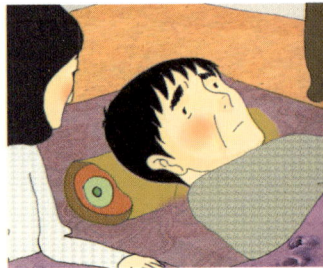

당연한 도리라고만 생각했습니다. 가난한 집에 시집가서 시아버지의 병구완까지 해야 하는 딸을 멀리서 지켜봐야만 했던 장인어른의 마음은 전혀 헤아리지 않았던 것입니다. 게다가 나는 장인어른에게 제대로 된 효도 한 번 한 적 없는 무심한 사위였고요.

아내는 그동안 참고 참았던 설움이라도 터졌는지 계속 울었습니다.

"흑흑흑……."

"여보, 울지 마."

나는 어깨를 들썩이며 흐느껴 우는 아내를 있는 힘껏 안아 주었습니다. 내 아내이기 이전에 한 아버지의 귀한 딸인 아내. 너무 늦긴 했지만 이제라도 장인어른의 마음을 달래 드리는 뜻에서 아내를 더 많이 아끼고 사랑하는 남편이 되자고 다짐해 봅니다.

기러기 아빠의 편지

저희 아버지는 평생을 기러기 아빠로 살아 오셨습니다.

낯선 일본 땅에 자리한 한국 공장에서 힘들게 돈을 버셨죠. 일본어도 전혀 못 하는 아버지가 그토록 타국에서 고생을 하는 것은 오직 가족을 위해서입니다. 나도 아버지의 노고를 잘 알고 있었지만 오래 떨어져 지낸 탓에 아버지를 만나는 일이 무척 어색하고 부담스러웠습니다.

"오셨어요, 아버지."

"오 그래, 우리 딸 많이 컸구나."

아버지는 처음으로 몇 달 동안 한국에 머물게 됐을 때도 부녀간에 마주할 시간조차 없을 정도로 바쁘게 지내셨습니다. 하루 종일 일을 보러 다니면서도 새벽에는 가난 때문에 하지 못한 한글 공부를 하셨습니다. 아버지의 얼굴 한 번 보는 일이 하늘의 별 따기보다 어려웠습니다. 하지만 그 바쁜 와중에도 아버지는 우리와 친해지려고

애쓰셨습니다.

"지예야, 이 책 좀 읽어 주지 않을래?"

간혹 책을 읽어 달라며 말을 걸어오는 아버지가 왜 그렇게 낯설기만 하던지. 그때마다 나는 핑계 대기에 바빴습니다.

"죄송해요. 제가 낼 시험이라……."

"그래… 그럼 어쩔 수 없지."

그렇게 몇 달을 보낸 아버지는 다시 일본으로 돌아갔습니다. 아버지가 떠나는 날 나는 늘 그랬던 것처럼 덤덤하게 배웅했습니다. 그러나 다음 날 아침 나는 내 행동을 후회해야만 했습니다. 아버지가 책갈피에 끼워 둔 편지 한 통을 발견했기 때문입니다. 한 자 한 자 정성을 들여 쓴 아버지의 편지…….

'사랑하는 내 딸아. 아빠는 너희가 자랑스럽단다. 너희들을 두

고 갈 때마다 발길이 떨어지지 않지만 반듯하게 자란 너희 모습을 보면 다시 힘이 나서 일본으로 갈 수 있단다.'

'건강해라'는 말로 끝을 맺은 아버지의 편지는 비록 맞춤법은 엉망이었지만 펑펑 눈물을 쏟게 할 만큼 감동적이었습니다.

계시는 동안 잘해 드리지 못한 것이 너무나 후회가 되고 죄송했습니다. 다음에 오시면 그땐 아버지의 손을 서슴없이 잡아 드려야겠습니다. 자신 있게 사랑한다는 말도 해야겠습니다.

"아버지, 사랑해요."

생애 첫 골

미국 오하이오 주에 있는
어느 여자 고등학교에서 있었던 일입니다.

학교 운동장에서 열린 여학생들의 축구 경기. 하프타임을 알리는 심판의 호루라기 소리가 울리자 양 팀 감독들이 은밀히 대화를 나누기 시작합니다.

"우리 선수가 골을 넣을 수 있게 도와주게나."

"그러지, 안 될 게 뭐가 있겠나, 허허허."

언뜻 보면 승부 조작을 하는 듯한 수상한 느낌을 풍기는 대화. 하지만 속사정은 승부 조작과는 거리가 멉니다. 양 팀의 감독이 모종의 거래를 한 것은 한 선수 때문입니다.

열아홉 살인 질리언 바톤은 다운증후군을 앓고 있습니다. 그녀의 어머니는 그녀가 축구를 통해 자연스럽게 친구들을 사귀게 되길 바라며 축구를 가르쳤습니다. 성치 않은 몸으로 혼신의 힘을 다해 공을 차고 달린 지 3년이 되던

해 그녀는 뇌졸중으로 쓰러져 한동안 몸이 마비되면서 운동을 그만둬야 하는 처지가 되었습니다.

"엄마, 전 축구를 계속 하고 싶어요."

어느 정도 몸이 회복된 후에도 질리언이 축구를 하는 건 무리였습니다. 하지만 그녀의 감독은 축구를 향한 그녀의 열망을 누구보다 잘 알고 있었습니다. 그래서 곧 졸업을 하는 그녀에게 영원히 잊지 못할 아름다운 추억을 선물해 주기 위해 계획을 세웠습니다. 바로 축구 경기에서 생애 첫 골을 넣을 수 있도록 돕는 것이었습니다. 질리언의 이야기를 전해들은 상대 팀 감독과 모든 선수들은 그 제의에 흔쾌히 동의했습니다.

그렇게 해서 마련된 질리언의 고별 경기. 경기 종료 4분을 남겨 놓고 그녀가 골을 넣을 수 있는 상황이 만들어졌습니다. 질리언의

 발 앞에 공이 떨어지자 상대 팀 선수들은 따라잡지 못하는 척 연기를 했습니다. 그녀는 골문을 향해 달려가며 힘껏 공을 찼습니다. 골키퍼도 몸을 날렸지만 잡지 못했습니다. 마침내 골대의 그물망을 흔든 질리언의 생애 첫 골.

 "우와 골인이다, 골인이야!"

 모든 이들이 기뻐하는 그녀를 둘러싸고 눈시울을 붉혔습니다. 경기에 참여했던 사람들, 경기를 지켜본 사람들의 가슴속에 그날의 축구 경기는 최고의 명승부로 기억되었습니다.

마음의 눈으로 보면

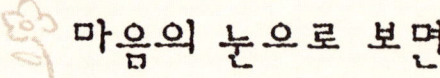

대구 달성구에 있는 한 공원에서는 일주일에 두 번
소외된 사람들을 위한 무료 급식이 이루어집니다.

무료 급식은 다른 곳에서도 흔히 볼 수 있는 풍경이지만 가만히 들여다보면 금세 다른 점을 발견할 수 있습니다. 봉사하는 사람들이 모두 시각장애인이라는 점입니다.

도움을 받아야 할 입장임에도 남을 돕는 이들은 바로 '사랑의 예술단' 식구들입니다. 무료 급식을 하기 전에도 이들은 양로원을 찾아가 외로운 어르신들을 위해 공연을 펼쳤습니다. 기왕이면 더 많은 사람들에게 사랑을 전하자는 뜻에서 무료 급식을 시작하게 된 것입니다.

지난 3년 동안 북채와 꽹과리를 잡던 손으로 이젠 칼을 들고 도마를 두드리게 됐습니다. 음식에 들어가는 재료비는 거리 공연으로 모은 돈과 초청 연주로 받은 수익금으로 충당하고 있습니다. 지금이야 여기저기서 도움을 주고 있지만,

처음에는 사람들의 시선이 곱지만은 않았습니다.

"앞도 못 보면서 무슨 급식을 하겠다고……. 음식이나 할 줄 아는지 몰라."

사람들의 가시 돋친 말에 상처를 입고 포기할까 생각도 했습니다. 그래도 애써 마음을 다잡았습니다. 손수 만든 따뜻한 밥 한 끼로 이웃의 쓸쓸한 가슴을 데울 수 있다면 그것만으로도 감사한 일이라고 생각했으니까요.

"역시 음식은 뭐니 뭐니 해도 손맛이지!"

볼 수 없으니 모양은 어떤지 몰라도 맛에서만큼은 자신 있다고 자부하는 '사랑의 예술단' 식구들. 그들의 정성 어린 음식은 금세 소문이 나서 지금은 급식 날만 되면 수백 명의 사람들이 공원에 몰려드는 진풍경이 연출됩니다.

"어르신 많이 드세요."

"아이고 고마워요."

"맛있게 드셔 주시니 저희가 더 고맙죠."

'사랑의 예술단' 식구들의 이웃 사랑은 급식에서 끝나지 않습니다. 무료 급식이 끝나면 곧바로 즉석 공연이 펼쳐집니다. 신나는 사물놀이로 흥을 돋우고, 아름다운 춤사위로 분위기를 띄우고……. 소외된 사람들의 허전한 가슴을 누구보다 잘 알고 있기에 더욱 신명나게 공연을 합니다. 마음의 눈으로 보면 이 세상은 아름답고 따뜻하다는 것을 우리에게 몸소 확인시켜 주고 있습니다.

행복은 사랑 반 미움 반

결혼한 지 삼 년이 조금 넘었을 때
남편은 외국으로 파견 근무를 떠났습니다.

자연히 나는 한국에 남아 두 아이를 돌보게 되었고요. 남편은 꼬박 7년 만에 가족의 품으로 돌아왔습니다. 그런데 남편만 돌아오면 외롭고 힘들었던 시간들을 보상 받을 줄 알았던 내 기대는 무참히 빗나갔습니다.

7년 만에 같이 살게 된 남편에게 많은 것을 기대한 것도 아닙니다. 단지 친근한 말 한마디, 따뜻한 포옹 한 번 해 주기를 기대했습니다. 남편에게도 그다지 힘들거나 어려운 일이 아니었습니다. 그런데도 남편은 좀처럼 따라 주지 않았습니다. 남편도 남편대로 불만이 많이 쌓였는지 매일같이 술타령을 했습니다.

"안 그래도 한국 생활에 적응하기 힘든데 아내는 만날 쪼고 잔소리만 하고……."

남편은 독한 술 냄새를 풍기며 늦게 귀가하는 날이 잦아졌습니다. 심지어 어떤 때는 아무런 연

락도 없이 새벽에 들어와서 내 속을 박박 긁어 놓았습니다. 내가 이런 대접을 받으려고 그 오랜 시간을 참아 왔나 싶어 울컥하기도 했습니다. 어떤 식으로든 감정을 쏟아 내지 않으면 화가 폭발할 것만 같았지요.

나는 이참에 쌓인 불만을 싹 털어 내리라 마음을 먹고 남편에게 편지를 쓰기 시작했습니다.

'10년 연애해서 결혼하고 7년을 떨어져 살고. 이제 겨우 함께 살 수 있게 되니까 속을 썩이는 당신······.'

읽고 반성하라는 의미로 나는 남편 보란 듯이 집 안 곳곳에 내 감정이 담긴 편지들을 붙여 놓았습니다. 냉장고, 식탁, 장롱, 텔레비전, 심지어 화장실에도 붙여 놓았습니다. 그렇게라도 하고 나면 마음이 편해질 줄 알았는데 그렇지 않았습니다. 내 감정을 쏟아 내

면 쏟아 낼수록 남편의 심정도 이해가 되기 시작했습니다. 나는 생각을 바꾸었습니다. 술 마시고 늦게 들어오는 남편을 위해 꿀물과 함께 사랑이 담긴 편지를 식탁 위에 올려놓았습니다.

'나는 우리 가족을 위해 오랫동안 고생하고 돌아온 당신을 무지 사랑합니다.'

편지를 써 놓고 남편을 기다리다 쓸쓸하게 혼자 잠자리에 들려고 하는데 남편이 들어오는 기척이 났습니다.

나는 문틈으로 몰래 남편의 행동을 훔쳐봤습니다. 남편은 옷도 갈아입지 않은 채 여기저기 붙은 사랑 반 미움 반의 편지들을 가만가만 읊조렸습니다. 그러고는 방으로 들어와 잠든 척하고 있는 나를 뒤에서 꼭 안았습니다.

"여보. 나만큼 당신도 외로웠지? 지금껏 내 생각만 해서 미안

해. 혼자 애들 키우느라 당신이 더 고생했을 텐데. 고마워, 여보. 그리고 나도 당신 많이 사랑해."

그렇게 우리는 화해를 했습니다. 그 뒤로 남편은 가족에게 힘껏 사랑을 쏟았습니다. 그러기를 2년, 남편은 필리핀으로 또 다시 파견 근무를 떠나게 됐습니다.

그래서 또 헤어져 살게 됐느냐고요? 설마요. 이번에는 우리 가족 모두가 비행기에 올랐습니다.

상대방과 다투는 것도 사랑이고, 이해하는 것도 사랑이라지요? 수많은 시행착오를 겪으면서 서로의 사랑을 확인해 가는 것이 부부인 것 같습니다.

가난한 소년의 선물

삐딱한 시선으로 세상을 바라보는
매사에 무기력하고 무심한 선배가 있었습니다.

나와 절친했던 그 선배가 1년 동안 필리핀으로 봉사 활동을 떠난다고 했을 때 주변 사람들은 내심 기대했습니다. 어려운 사람들의 손과 발이 돼서 사랑을 나누고 베풀다 보면 선배의 부정적인 성격도 고쳐지리라고 생각했습니다.

일 년 후 돌아온 선배는 기대했던 대로 전과는 사뭇 달라져 있었습니다. 밝고 긍정적인 성격으로 바뀌어 있던 것입니다. 선배에게 변화의 계기를 마련해 준 것은 필리핀에서 만난 한 소년이었습니다. 선배는 필리핀에서 있었던 일을 말해 주었습니다.

"하루는 말이야, 거기 아이들과 농구를 하게 되었어."

무슨 운동이든 잘했던 선배는 필리핀 아이들과 농구를 하게 되었습니다. 실력으로 보나 체격으로 보나 선배에

가난한 소년의 선물 · 187

게 더 유리한 경기였지만 점수는 그 반대였습니다. 어정쩡한 몸놀림으로 선배가 실수를 반복하자 한 아이가 이렇게 물었다는군요.

"아저씨는 저희랑 농구하는 게 즐겁지 않으세요?"

선배가 계속 실수를 한 이유는 사실 따로 있었습니다.

"너희는 전부 맨발이잖니. 내가 마음대로 움직이면 운동화를 신은 발로 너희 발을 밟을까 봐 자꾸 신경이 쓰여서."

맨발에 웃통까지 벗고 있는 아이들에게 이번에는 선배가 물었습니다.

"너희는 맨발이고 난 운동화를 신고 있어. 게다가 땀이 잘 흡수되는 운동복도 입고 있고……. 너희도 나처럼 이렇게 입고 뛰고 싶지 않니?"

소년은 미소를 지으며 대답했습니다.

"지금 이 순간도 즐겁고 행복해요. 아저씨처럼 멋진 신발이나 좋은 옷은 없지만 그런 게 생기면 언제든지 입을 수 있는 건강한 몸과 발을 가졌거든요."

선배는 그 말에 정신이 번쩍 들었다고 합니다.

매일 축 처진 어깨로 불평불만만 늘어놓던 선배를 그 소년의 말 한마디가 바꾸어 놓았습니다.

어려운 환경에서도 희망을 잃지 않는 소년의 긍정적인 모습이 한 줄기 빛처럼 선배의 마음속 어두운 부분까지도 밝혀 주었던 것입니다.

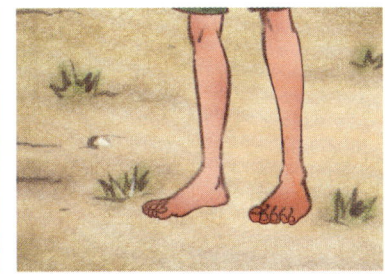

5

5년 만에 찾아온 손님

그녀는 이제야 한 분, 한 분 찾아뵙고 있다고 했습니다.
그녀가 건넨 상자 안에는 달콤한 쿠키와
아들과 함께 찍은 사진이 들어 있었습니다.
사진에는 감사의 글도 적혀 있었습니다.
'우리 가족의 웃음을 지켜 주신
모든 분들께 진심으로 감사드립니다.'
5년 동안 고마움을 간직한 채 힘들 때
도움을 준 사람들을 일일이 찾아다니는
그녀의 용기에 박수를 보냅니다.

남편의 거짓말

결혼 준비로 한창 바쁜 연인이 있었습니다.

남자는 함께 살 집을 마련하고 여자는 혼수를 준비하면서 행복한 시간을 보냈습니다. 하지만 갑자기 여자의 아버지가 사업 실패로 큰 빚을 지고 병이 나면서 여자는 무일푼이 됐습니다. 그때 남자가 뼈아픈 고백을 했습니다.

"실은 전에 보여 준 아파트. 내 것이 아냐. 거짓말해서 미안해……."

"그랬구나. 난 괜찮으니까 걱정하지 마."

집안일로 정신도 없고 혼수를 마련할 여력도 없었기에 여자는 남자의 고백을 담담하게 받아들였습니다. 그렇게 두 사람은 변함없는 사랑으로 어려운 고비를 넘기고 단칸방에서 새 출발을 했습니다.

부부가 되고 나서야 여자는 남자의 또 다른 거짓말을

알게 됐습니다. 결혼 전에 이야기했던 것보다 남자의 월급이 턱없이 적었던 것입니다. 하지만 남편을 아끼고 사랑했던 아내는 그 거짓말 또한 문제 삼지 않았습니다.

여자의 아버지는 생각보다 빨리 몸을 추슬러 무너진 사업체도 금세 다시 일으켜 세웠습니다. 그러나 생활이 안정되자 그때부터 여자의 불평이 시작됐습니다.

"아휴. 평생 돈 걱정 안 하고 살게 해 준다고 하더니 모두 다 말뿐이었어."

단칸방에서 궁상맞게 사는 자신의 처지가 초라했고, 남자가 한 거짓말이 하나둘씩 생각나면서 남편에 대한 원망이 싹텄습니다. 여자는 억울한 심정을 엄마에게 털어놓았습니다.

"엄마, 나 아무래도 결혼 잘못 한 것 같아요. 어떡하지?"

딸의 말을 듣고 잠시 생각에 잠겼던 엄마는 지난 일들을 말해 주었습니다.

"이거 김 서방이 절대로 너한테는 말하지 말라고 했는데……."

여자 집안의 형편이 기울면서 여자가 혼수에 부담을 느끼는 것을 알고 남자는 신혼집으로 준비한 아파트를 팔았습니다. 그리고 그 돈으로 장인어른의 빚을 갚았습니다. 거기다 매달 월급의 일부를 떼어 병원비에 보태 왔던 것입니다.

"정말 속 깊은 사람이다. 네가 잘해야 해."

모든 사실을 알게 된 후 여자는 눈물샘이 마르도록 펑펑 울었습니다. 남편이 지켜온 비밀, 그것은 세상에서 가장 아름답고 따뜻한 비밀이었습니다.

모닥불 우정

칼날 같은 바람에 눈까지 흩날리던
어느 추운 겨울날이었습니다.

나는 집 근처 재래시장에 가기 위해 단단히 무장을 하고 집을 나섰습니다. 그런데 시장으로 가는 길목에 있는 재건축 현장에서 할머니 한 분과 공사장 인부들이 가벼운 실랑이를 벌이고 있는 것을 보게 됐습니다.

"이것 좀 주워 가게 해 줘요."

"안 돼요. 할머니."

"할머니, 안 된다고 몇 번이나 말씀드렸잖아요. 그러니까 제발 그만 가세요, 네?"

땅에 떨어진 나무토막을 주워 가겠다는 할머니와 위험해서 안 된다고 하는 인부들의 사이에 작은 마찰이 있는 것 같았습니다. 인부들이 할머니를 말리는 건 혹시 모를 안전사고를 염려해 그러는 듯 했습니다.

"요새도 나무로 불을 때는 집이 있나?"

게다가 차림새도 단정한 할머니가 땔감을 구하러 위험한 공사장

을 찾아야 한다니, 그 처지가 안쓰러웠지만 갈 길이 바쁜 나는 다시 쌩쌩 부는 찬바람과 눈길을 잰걸음으로 뚫으며 시장으로 갔습니다. 홀쭉했던 시장바구니가 불룩해졌을 때쯤 나는 현미를 사기 위해 단골 노점을 찾았습니다. 깡통 난로에 불을 지펴 가며 혹독한 추위를 겨우 피하고 있는 노점상 할머니께서는 나를 보자마자 반갑게 부르셨습니다.

"왔어? 많이 춥지? 이리 와서 몸 좀 녹이고 가."

깡통 난로 옆에 앉으려다 나는 깜짝 놀랐습니다. 조금 전까지 공사장에서 나무를 줍던 할머니가 노점 할머니 옆에 앉아 계셨기 때문이었습니다. 그렇게 해서 나는 두 분의 사연을 듣게 되었습니다.

처음에 두 할머니는 노점 주인과 손님 사이였다가 친구가 되었습니다. 공사장에서 만난 차림새가 단정한 할머니는 자식들의 효

도를 받으며 풍족하게 사시는 분이라고 했습니다.

"에구, 하루 종일 움직이지도 못 하고, 얼마나 추울까?"

할머니는 겨우내 추위에 떨며 길거리에 앉아 있어야 하는 친구가 안쓰러워 공사장을 기웃거리며 땔감을 구하러 다니셨던 것입니다. 나는 단골이 된 걸로 인심을 쓴다고 생각하고 있었는데……. 그 할머니는 어려운 이웃의 차가운 몸과 쓸쓸한 마음까지도 훈훈하고 따뜻하게 녹여 주고 계셨던 것입니다. 모닥불처럼 은은하고 따뜻한 두 분의 우정에 제 마음까지 훈훈해지는 겨울 오후였습니다.

기다려 준 것뿐이에요

발달장애가 있는 아들을 일반 학교에 보낸 것은
일종의 모험이었습니다.

아들은 아무 때나 빽빽 소리를 질러 수업에 지장을 주곤 했습니다.

"으악, 으악, 악, 악."

아들을 특수 학교에 보내지 않은 것은 일반 학교의 교육이 발달 장애 치료에 좋다는 믿음 때문이었습니다. 하지만 갑작스런 돌발 행동 때문에 아들은 1, 2학년의 대부분을 특수 반에서 보냈습니다. 그런 아들에게 변화가 온 건 3학년이 되고 나서부터였습니다. 아들은 수업 시간에 더 이상 소리를 지르지 않았습니다.

자리에 앉아 책을 읽기도 하고 혼자 점심을 먹기도 했습니다. 아이의 행동이 그렇게 크게 달라지게 된 비결은 담임선생님에게 있었습니다.

"제가 한 일이라고는 믿고 기다린 것밖에 없는걸요."

선생님은 아들이 달라지길 바라며 다양한

규칙을 만들고 지독할 정도로 묵묵히 기다리셨던 것입니다.

체육 시간이 되면 아들이 옷을 다 갈아입을 때까지 반 아이들을 기다리게 했고 발야구를 할 때도 아들이 먼저 공을 찰 수 있게 배려해 주었습니다. 아들이 밥을 깨끗이 먹을 때까지, 알림장을 다 쓸 때까지 선생님의 지시에 따라 아이들은 무조건 기다렸습니다. 아무리 더디게 움직여도 선생님은 얼굴을 찡그리거나 혼내지 않았습니다.

그전까지 아들은 운동회 날이면 한쪽 구석에서 구경만 해야 하는 처지였습니다. 지금껏 그래 왔습니다. 그런데 3학년에 올라가서는 친구들과 한데 어울려 소고춤을 선보였습니다. 덩실덩실 흥겹게 춤을 추는 아들을 보자 나는 가슴이 뭉클했습니다.

아들은 힘차게 몸을 움직였습니다. 선생님은 사랑이 담긴 눈길

로 아들의 춤을 바라보았습니다. 나는 가슴이 벅차올라 눈물이 나는 걸 꾹꾹 참았지만 결국에는 울음을 터뜨리고 말았습니다.

"잘한다, 우리 아들. 아, 선생님 감사합니다. 흑흑……."

선생님은 아이를 진정으로 사랑하는 방법을 알려 주셨습니다. 깊은 애정을 가지고 아이 혼자서도 해낼 수 있으리라 믿고 묵묵히 기다리는 것. 이것이야말로 선생님이 아이를 가르치는 방법이었고, 우리 아이를 변화시킨 비밀이었습니다.

5년 만에 찾아온 손님

얼마 전 뜻밖의 전화 한 통을 받고 가슴이 벅차올랐습니다.

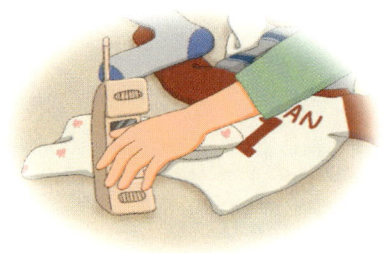

전혀 생각하지도 못한 일이어서 처음에는 적잖게 당황했습니다.

"혹시 저 기억하세요? 5년 전 인터넷 카페에 글을 올렸던 아기 엄마예요."

그 말을 듣자 5년 전 일이 어렴풋이 떠올랐습니다. 5년 전 내가 가입해 있던 어느 인터넷 카페에 한 아기 엄마가 사연을 올린 적이 있었습니다.

남편이 갑자기 죽고, 아기를 키우기 힘들 만큼 가정 형편이 어렵다며 도와 달라는 내용이었습니다.

거짓말인지 진짜인지를 놓고 회원들 간에 설전이 오갔지만 친구와 나는 진실이라는 데 의견을 모았습니다.

우리는 곧바로 아기용품을 바리바리 싸서 아기 엄마에게 보냈습니다.

보답을 바라고 한 일은 아니었습니다. 다만 잘 받았다

는 이메일 한 통쯤은 보낼 줄 알았습니다. 하지만 아무런 연락이 없자 속았구나 싶어서 몹시 언짢았습니다.

그런데 무려 5년 만에 그 아기 엄마가 찾아뵙고 싶다며 연락을 한 것입니다.

전화를 받은 그 주 토요일 오후 아기 엄마는 어느새 훌쩍 자란 아들을 데리고 우리 집을 방문했습니다. 처음 보는 얼굴인데도 이상하리 만큼 친숙했습니다.

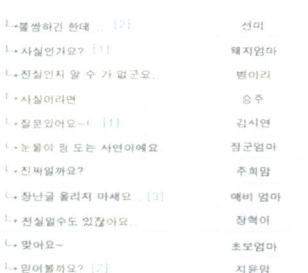

"제 전화 받고 많이 놀라셨죠? 전화번호가 안 바뀌어서 정말 다행이에요."

그녀는 그때 정말 고마웠다며 감사 인사를 했습니다. 그리고 그동안 살아온 일을 조금씩 풀어 놓았습니다.

　남편이 갑작스럽게 세상을 뜬 후 갓난아기와 함께 살길이 막막했던 시절, 그녀는 지푸라기라도 잡겠다는 심정으로 인터넷 카페에 글을 올렸다고 했습니다.

　생각지도 않았는데 네티즌들이 물심양면으로 성원해 준 덕에 기운을 차릴 수 있었다고 했습니다.

　"정말 기대도 안 했거든요. 그런데 진짜 많은 분들이 도와주시더라고요. 제게 얼마나 큰 힘이 됐는지 몰라요."

　너무나 지치고 경황이 없어 감사 인사조차 전할 여유가 없었다고 합니다. 그래서 나중에라도 꼭 은혜를 갚기 위해 연락처를 잘 챙겨 뒀다가 이제야 한 사람, 한 사람 일일이 찾아뵙고 있다고 했습니다.

"이거 제가 구운 쿠키예요. 약소하지만 제 마음이라 생각하시고 받아 주세요."

달콤한 쿠키가 가득한 상자 속에는 아들과 함께 찍은 사진 한 장이 들어 있었습니다. 사진 속에는 감사의 글도 담겨 있었습니다.

'우리 가족의 웃음을 지켜 주신 모든 분들께 진심으로 감사드립니다.'

5년 전 그녀에게 가졌던 서운한 감정이 미안해질 정도로 아름다운 선물이었습니다. 작은 씨앗 하나가 많은 열매를 맺듯 사람들의 작은 정성이 하나둘 모여 아기 엄마의 가슴에 희망의 싹을 자라게 해 주었던 것입니다. 그리고 5년 동안 그 고마움을 간직한 채 늦게나마 도움을 준 사람들을 일일이 찾아다니는 그녀의 용기에 박수를 보내고 싶습니다.

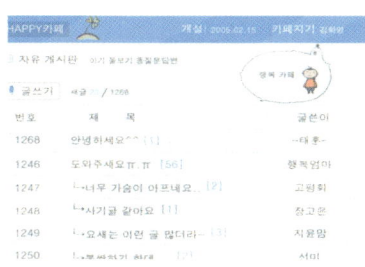

엄마의 궁상

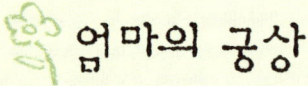

오늘도 아침부터 별것도 아닌 일로
엄마와 한바탕 입씨름을 해야 했습니다.

"엄마, 이 블라우스 또 손으로 빠셨어요? 이건 드라이클리닝을 해야 한다고 몇 번이나 말씀드렸잖아요?"

"손으로 빨아도 똑같은데 뭐 하러 아깝게 돈 주고 남한테 맡겨."

얼굴만 봤다 하면 옥신각신하는데도 우리 모녀가 한 집에 사는 이유는 아직 어린 딸 때문입니다. 엄마는 둘 다 직장에 다니는 우리 부부를 대신해 딸애를 돌봐 주고 계십니다. 따지고 보면 싸움의 시작은 모두 엄마의 궁상에 있다고 할 수 있습니다. 새로 속옷을 사다 드려도 굳이 낡아서 내버린 것들을 주워 입으십니다. 밥상 앞에 앉아서도 그렇습니다. 생선을 상에 올리면 살점은 쳐다보지도 않고 가시만 발라서 쪽쪽 빨아 드시곤 하니까요. 딸은 할머니가 왜 그러는지 궁금한가 봅니다.

"할머니, 할머니는 왜 생선 가시만 드세요?"

"응, 할머니는 이걸 제일 좋아하거든."

엄마의 궁상 • 211

엄마는 매번 똑같은 일로 나와 싸우면서도 달라질 줄 모릅니다. 남편이 출장을 간 날 저녁에도 또 그러셨습니다.

그날 밥통에는 엄마와 딸이 먹을 분량 만큼의 밥밖에 없었습니다. 냉장고에 찬밥 한 공기가 있긴 했지만 전자레인지는 고장이 난 상태였습니다. 그렇다고 밥을 새로 하기는 싫어서 하는 수 없이 찬밥을 물에 말아 먹으려고 식탁 위에 올려놓았는데 하필 그때 전화가 걸려왔습니다. 그런데 통화를 하고 있는 사이에 엄마가 먼저 선수를 친 것이 아니겠습니까. 엄마는 내가 먹으려고 놔둔 찬밥을 물에 말아서 꾸역꾸역 드시고 계셨습니다. 그걸 본 나는 속이 상해서 밥그릇을 사납게 낚아채며 버럭 소리쳤습니다.

"엄마 밥은 여기 있잖아요. 왜 제 밥을 드시고 그러세요?"

이에 질세라 엄마는 밥그릇을 도로 뺏으면서 말씀하셨습니다.

"너도 네 딸한테 따뜻한 밥 먹이고 싶지? 나도 그러고 싶어. 넌 내 딸이니까."

나는 엄마의 한마디에 가슴이 뻐근해지고 콧날이 시큰해졌습니다.

"엄마······."

엄마의 궁상 때문에 하루에도 열두 번씩 지지고 볶고 다투고 투닥거리지만, 그것은 내게 하나라도 더 좋은 것을 먹이고 입히려는 '엄마 마음' 때문입니다. 엄마에게 받은 사랑을 소중히 여기고 앞으로 조금씩 조금씩 돌려드려야겠습니다.

표어가 된 사직서

3년 전 나는 군 입대를 백 일 앞두고 휴학을 했습니다.

그리고 입대까지 남은 시간을 이용해 작은 부품 공장에 취직했습니다.

내 사전에 대충대충이란 없었습니다. 잠깐 몸담은 곳이라도 나는 사명감을 가지고 일했습니다.

누구보다 일찍 출근해 밤사이에 수북하게 쌓인 눈 더미를 치우고 직장 선배를 만나면 깍듯하게 인사를 건네기도 했습니다.

"안녕하세요. 좋은 아침입니다."

나 또한 회사를 이끌어 가는 소중한 구성원이기 때문에 어떤 일에도 최선을 다하고 싶었습니다. 일을 시작한 지 일주일쯤 지나자 점심 식사를 하고 남는 30분이 무척 아깝다는 생각이 들었습니다. 대부분의 사람들이 그 시간을 특별히 하는 일도 없이 무의미하게 보내고 있었습니다. 작업장 불까지 끄고 낮잠을 자기도 하고, 멍하니 앉아 시간을 때우기로 했습니다. 나는 그 여분의 시

간을 알차게 보내고 싶었습니다.

"그 시간에 뭘 하면 좋을까? 그래, 책을 읽으면 되겠다."

자투리 시간에 독서를 하기로 결심한 나는 당장 다음 날부터 실천에 옮겼습니다. 아저씨들 중 몇 분은 말리기도 했습니다.

"학생, 잠 좀 자둬. 지금 쉬어 두지 않으면 오후에 지친다구."

무리하지 말라는 말을 들을 때마다 나는 책을 읽으면 머리가 맑아진다는 말로 어른들을 안심시켰습니다. 그렇게 일주일을 보냈습니다. 그런데 하루는 공장장님이 말을 걸었습니다.

"자넨 왜 쉬지 않고 책을 읽고 있나?"

"그냥 쉬면서 보내기엔 시간이 조금 아까워서요."

내 대답을 듣고 흐뭇한 미소를 지은 공장장님은 다음 날 점심시간에 나와 같이 책을 읽기 시작하셨습니다.

그 후 신기한 일이 일어났습니다. 공장에는 책을 읽는 사람들이 하나둘씩 늘어 갔습니다. 언제인가부터는 점심시간에 손에 책을 들고 있는 모습이 더 자연스러울 정도가 되었습니다.

석 달 동안의 근무가 끝났을 때 나는 정든 회사를 떠나는 심정으로 안 내도 되는 사직서를 제출했습니다. 삼 개월 동안 정이 든 사람들은 내가 마지막 퇴근을 할 때 마중까지 나와 주었습니다. 그리고 나는 곧바로 군에 입대했습니다. 입대하고 얼마 후 뜻밖의 소식이 들려 왔습니다.

내가 낸 사직서가 무슨 표어처럼 작업장 입구에 걸렸다는 소식이었습니다. 나부터 변하려는 의지, 나부터 실천하려는 태도. 이 작은 움직임이 사람들의 일상에 조금씩 변화를 주었던 것입니다.

딸을 위한 마라톤

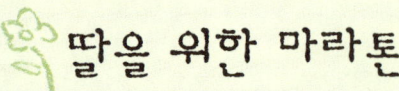

불과 일 년 전만 해도 얼마 뛰지도 못하고 맥없이
주저앉던 40대 가장이 마라톤 풀코스에 도전했습니다.

그는 오랜 시간 투병을 하고 있는 딸에게 희망을 주기 위해 마라톤을 시작했습니다. 마라톤 경력 1년차인 김호규 씨가 그 주인공입니다.

그의 가정에 먹구름이 드리운 건 지난 2000년 봄이었습니다. 당시 중학교 2학년이었던 큰딸 인영이가 중증 근무력증으로 병원에서 치료를 받던 중 설상가상으로 아내마저 만성 신부전증이 악화되어 입원하게 되었습니다. 그는 분주하고 힘겨운 나날을 보내야 했습니다.

"내 딸아… 여보……."

아내와 딸의 병상을 오가며 지극 정성으로 간호한 지도 벌써 4년이 넘었습니다. 다행히 아내는 신장 이식수술을 받고 병세가 빠르게 호전되어 갔습니다. 하지만 딸의 병세는 나아지지 않았습니다. 여전히 약물과 주사에 의지한 채 고통

스런 삶을 살고 있었습니다. 유난히 다리가 길어서 달리기에서만큼은 늘 일등을 했던 딸에게 그는 따스한 희망을 불어넣어 주고 싶었습니다. 그래서 택한 것이 마라톤이었습니다.

"그래, 힘겹게 병과 싸우고 있는 딸을 위해 멋지게 한번 해 보는 거야."

그의 사정을 아는 사람들은 그만두라며 설득했지만 그는 도저히 포기할 수 없었습니다. 지금 딸에게 가장 필요한 것은 완쾌될 수 있다는 희망이라는 것을 알기 때문이었습니다. 하지만 하프 마라톤에 처음 출전했을 때만 해도 그는 중간에 포기하고 마는 풋내기에 불과했습니다.

"무모한 짓이야. 그러다가 자네까지 병나겠어. 그만둬."

주변에서는 이쯤에서 그만두라고 성화였지만 그럴수록 그의

각오는 단단해져 갔습니다. 그렇게 일 년 후 그는 처음으로 마라톤 풀코스에 도전하게 되었습니다.

30킬로미터 지점부터는 허리가 끊어지는 듯한 고통이 뒤따랐습니다. 다리는 천근만근. 급기야 다리에 쥐까지 나면서 도로 위를 데굴데굴 굴렀습니다.

기권이라는 말이 목구멍까지 올라왔지만 이보다 더한 고통 속에서도 꿋꿋이 버티고 있는 딸을 떠올리며 그는 견뎌냈습니다.

"무서운 병마 앞에서도 포기하지 않는 인영이도 있는데 내가 이쯤에서 물러설 순 없지! 힘내자!"

금방이라도 쓰러질 듯 휘청거리는 몸을 간신히 일으켜 그는 죽을힘을 다해 달렸습니다. 그리고 마침내 결승선을 넘는 순간 그는 숨이 차 헐떡이면서도 가장 먼저 딸에게 전화를 했습니다.

"인영아, 아빠가 완주했다. 드디어 완주를 해냈어."

"잘하셨어요. 아빠 덕분에 불끈불끈 힘이 솟아요. 아빠, 너무너무 고마워요."

오직 딸을 위해 죽을힘을 다해 달린 42.195킬로미터. 그리고 손에 쥔 은빛 완주 메달. 그는 그 희망의 메달을 병상에 누워 있는 딸의 목에 걸어 주었습니다.

딸이 병을 툭툭 털고 일어나 함께 달리게 될 그날까지 그는 희망의 달리기를 멈추지 않을 것입니다.

아름다운 수다

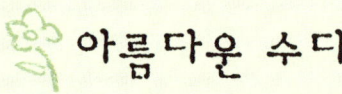

토요일 오후 복잡한 만원 버스에 탔을 때의 일입니다.

　　　　　　　　　　　　승객들이 워낙 많아 발 디딜 틈도 없는 버스 안에서 나를 화나게 한 것은 사람들과의 부대낌도, 계속 서서 가야 하는 부담감도 아니었습니다. 엄마로 보이는 이에게 쉴 새 없이 재잘대는 한 아이 때문이었습니다.

"오늘은 하늘이 정말 파래요, 엄마. 버스엔 사람들이 정말 많아요."

"응, 그렇구나……."

아이는 아홉 살쯤 돼 보였습니다.

"엄마, 지금은 행복 분식점 앞을 지나고 있어요. 그 앞에 있는 가로수 잎은요, 제 손바닥보다 훨씬 커요."

아이가 엄마에게 주로 하는 이야기는 거리의 풍경에 관한 것이었습니다. 길가에 늘어선 가게 간판을 하나도 빠짐없이 줄줄이 읊어 대는데, 그 아이보다 그 아이의 엄마에게 슬슬 화가 나기 시작했습니다. 아이를 말리기는커녕 계속해서 "응, 그렇구나"라고 대답해 주는 태도가 아이의 수다를 부추기는 것처럼 보였기 때문입니다.

"엄마. 저 찻집에서는 달콤한 코코아를 판데요. 맛있을까요?"

"응, 맛있겠구나. 내려서 먹고 싶네……."

아이의 수다가 끝날 기미가 안 보이자 몇몇 승객들이 더는 못 참겠는지 버럭 소리를 질렀습니다.

"엄마가 그냥 내버려두니까 애가 저리 시끄럽지. 으이구!"

"시끄러워 어디 살 수가 있나, 조용히 좀 못하겠니?"

나이 많은 어른들이 혼을 내자 겁을 먹은 아이는 입을 꼭 다물었습니다. 저는 그 모습을 보고 속이 다 시원했습니다. 울먹거리며 엄마의 손만 만지작거리는 아이의 표정에는 그 누구도 관심을 갖지 않았습니다. 아이가 더 이상 떠들지 않자 버스 안은 쥐 죽은 듯이 조용해졌습니다.

마침내 그 아이와 엄마가 버스에서 내리게 되었습니다. 버스가

멈추고 문이 열리자 아이는 엄마를 향해 말했습니다.

"엄마, 다 왔어요. 자, 제 손 잡으세요. 제 손 절대 놓으시면 안 돼요, 엄마."

아이는 엄마가 버스 계단을 무사히 내려올 수 있도록 손을 내밀었습니다. 그러자 엄마는 아이의 손을 꼭 쥐고 한 계단씩 천천히 발을 내딛었습니다. 그녀는 시각장애인이었던 것입니다.

"아, 아니. 이럴 수가……."

사랑하는 아들의 얼굴조차 볼 수 없는 엄마. 아이는 엄마가 눈으로 보지 못하는 세상을 마음속에나마 그려볼 수 있기를 바라며 버스를 타고 가는 내내 끊임없이 이야기를 했던 것입니다. 아이의 수다는 버스에서 내리자마자 다시 시작되었습니다. 그 수다는 지금껏 내가 들어본 수다 중에서 가장 맑고 아름다웠습니다.

TV동화 행복한세상 7 | 원작 목록

1_ 아버지의 특별한 셈법

이젠 배달시키지 마세요
원작 | '다음부턴 배달시키지 마세요' (서울 영등포구 영등포동 김희진 씨 실화)
애니메이션 | 이정민, 김재준(짜박)

크리스마스 천사
원작 | '요한이의 방' (광주 남구 백운2동 박영덕 씨 실화)
애니메이션 | 김연주(오후미디어)

10년 후의 나에게 보낸 편지
원작 | '10년의 약속, 그리고 존경합니다' (전남 순천시 풍덕동 김영웅 씨 실화)
애니메이션 | 신동순(aniB105)

아버지의 특별한 셈법
원작 | '아버지의 쌀' (경기 포천시 소흘읍 정옥훈 씨 실화)
애니메이션 | 손현수, 배철웅, 정연현(핸드앤툴)

하늘로 보낸 문자메시지
원작 | '아버님 속옷 어디다 숨겨두셨어요?' (서울 노원구 상계동 손현숙 씨 실화)
애니메이션 | 노미리(찬비)

우산이 되어 주세요
원작 | '우산이 되어 드리겠습니다' (부산 사하구 다대2동 故 하옥례 씨 실화)
애니메이션 | 박경현, 김국화(애니2000)

청첩장 편지
원작 | '청첩장 편지' (경기 남양주시 도농동 송은자 씨 실화)
애니메이션 | 함수연, 박은정, 이은경(솔구름미디어존)

아버지가 수상해요
원작 | '수상한 아버지의 비밀 전화' (부산 북구 덕천동 배기령 씨 실화)
애니메이션 | 서양원, 이미영(짜박)

원작 목록 • 229

교민이의 새 생명
원작 | '꺼지지 않는 불꽃' (서울 광진구 자양3동 故 최교민 실화)
애니메이션 | 김소영, 김경은(물체주머니)

빛이 나는 그림
원작 | '마음이 그려진 손' (경기 수원시 권선구 세류2동 최윤하 씨 실화)
애니메이션 | 이정민(짜박)

2_ 좋아하는 소리가 생겼어요

가장 값진 이별 선물
원작 | '할라버지 사랑해요' (경기 평택시 세교동 윤선희 씨 실화)
애니메이션 | 김혜경(오후미디어)

이곳에 주차하지 마세요
원작 | '아름다운 주차 공간' (강원 태백시 황지동 한현진 씨 실화)
애니메이션 | 김혜경(오후미디어)

아들이 건넨 커피 한 잔
원작 | '종이컵 커피 속에 담겨 있던 아들의 마음' (서울 송파구 장지동 장미숙 씨 실화)
애니메이션 | 한세화(오후미디어)

반지를 찾아서
원작 | '반지를 찾아서' (부산 영도구청 환경관리과 김종길 씨 실화)
애니메이션 | 강민경(짜박)

좋아하는 소리가 생겼어요
원작 | '인생 최고의 소리' (서울 영등포구 여의도중학교 교사 이덕정 씨 실화)
애니메이션 | 안재연, 연정주, 김진희(anB105)

도시락 씻는 남자
원작 | '사랑이 가진 놀라운 힘' (대전 중구 부사동 김중호 씨 실화)
애니메이션 | 이지영(애니2000)

신혼여행에서 만난 소나기
원작 | '신혼여행에서 만난 소나기' (서울 도봉구 도봉1동 정진돈 씨 실화)
애니메이션 | 이윤희(아트플러스엠)

엄마의 건망증
원작 | '겨울 이야기' (경기 수원시 영통구 영통동 정수희 씨 실화)
애니메이션 | 김종석(찬비)

잊지 못할 설교
원작 | '잊지 못할 설교' (작자 미상)
애니메이션 | 이지영(애니2000)

장수의 비결
원작 | '장수의 비결' (작자 미상)
애니메이션 | 김연주(오후미디어)

3_ 오백 원짜리 통닭

지하철에서 만난 부부
원작 | '아름다운 부부' (서울 송파구 장지동 장미숙 씨 실화)
애니메이션 | 이민정, 박은정, 최성인, 김지현(솔구름미디어존)

오백 원짜리 통닭
원작 | '500원짜리 치킨' (경기 포천시 소흘읍 송우리 전혜인 씨 실화)
애니메이션 | 박지선(애니2000)

수술 뒤의 약속
원작 | '수술 뒤에는 약속을 잡지 마라' (서울 강남구 청담동 박종호 씨 실화)
애니메이션 | 한세화(아트플러스엠)

어머니와 이모님
원작 | '어머니와 이모님' (경기 의정부시 민락동 박예선 씨 실화)
애니메이션 | 함수연, 박은영, 최성인, 박은정, 김지현, 박윤미(솔구름미디어존)

발 씻겨 주는 아빠
원작 | '아이들 발 씻겨 주는 장애인 아빠' (경기 성남시 분당구 정자동 권후남 씨 실화)
애니메이션 | 장승룡, 김지현, 박윤미, 최성인, 박은정(솔구름미디어존)

연습 벌레
원작 | '연습 벌레' (화가 파블로 피카소 일화)
애니메이션 | 강정현(애니2000)

이분이 내 어머니야
원작 | '어느 토요일에 생긴 알' (경기 남양주시 평내동 김봉자 씨 실화)
애니메이션 | 장승룡, 최성인, 김지현, 박은정, 박윤미(솔구름미디어존)

우리 마을 공터
원작 | '고구마 줄기 할머니' (강원 강릉시 교1동 김규린 씨 실화)
애니메이션 | 노미리(찬미)

꿈꾸는 우유
원작 | '딸기 한 알' (서울 노원구 상계3동 유혜경 씨 실화)
애니메이션 | 김혜경(오후미디어)

건강 방귀 가족
원작 | '마늘 방귀, 건강 방귀' (충남 천안시 성정동 조미애 씨 실화)
애니메이션 | 옥영관, 정연현, 배철웅, 손현수(핸드앤툴)

4_ 되찾은 약손가락

세상에서 가장 맛있는 라면
원작 | '어머니와 라면' (서울 종로구 돈의동 박지연 씨 실화)
애니메이션 | 장승룡, 박은영, 박은정(솔구름미디어존)

파란 해님
원작 | '파란 해님' (방송작가 신보경)
애니메이션 | 최경선, 김경은(물체주머니)

교장 선생님은 간식 요리사
원작 | '교장 선생님은 간식 요리사' (충남 당신군 면천중학교 교장 김성삼 씨 실화)
애니메이션 | 강민경(짜박)

되찾은 약손가락
원작 | '한없이 자유로워진 내 약손가락' (강원 고성군 토성면 봉포리 이근혜 씨 실화)
애니메이션 | 서양원, 이미영(짜박)

아내의 아버지, 딸의 시아버지
원작 | '아내의 아버지' (서울 은평구 응암1동 김은주 씨 실화)
애니메이션 | 김혜경(오후미디어)

기러기 아빠가 남긴 편지
원작 | '못 깨우치신 한글로 쓴 편지 한 장' (전남 광양시 광양읍 전지예 씨 실화)
애니메이션 | 신동순(aniB105)

생애 첫 골
원작 | '아름다운 승부 조작' (미국 오하이오 주 어느 여자고등학교 일화)
애니메이션 | 이문선(아트플러스엠)

마음의 눈으로 보면
원작 | '마음의 눈으로 세상을 보면' (대구 시각장애인예술단 '사랑의 예술단' 실화)
애니메이션 | 허재선(짜박)

행복은 사랑 반 미움 반
원작 | '침묵시위' (경기 군포시 당동 이재복 씨 실화)
애니메이션 | 이주희, 김휘

가난한 소년의 선물
원작 | '난 당신 발이 걱정돼서 즐겁지 않아요' (경기 안산시 단원구 고잔동 김은하 씨 실화)
애니메이션 | 허재선, 서동원, 권기현(아트플러스엠)

5_ 5년 만에 찾아온 손님

남편의 거짓말
원작 | '남편의 비밀' (작자 미상)
애니메이션 | 이정헌(aniB105)

모닥불 우정
원작 | '모닥불 사랑' (경기 고양시 덕양구 성사2동 송옥선 씨 실화)
애니메이션 | 이수명(오후미디어)

기다려 준 것뿐이에요
원작 | '믿고 기다려 주는 거지요, 뭐' (서울 구로구 개봉2동 김영아 씨 실화)
애니메이션 | 정지연, 백혜영(아트플러스엠)

5년 만에 찾아온 손님
원작 | '뜻밖의 손님' (경기 안산시 상록구 본오2동 조수연 씨 실화)
애니메이션 | 조연정, 손현수, 배철웅, 정연현(핸드앤툴)

엄마의 궁상
원작 | '찬밥 한 공기와 어머니' (서울 강북구 미아5동 홍지화 씨 실화)
애니메이션 | 김연주(오후미디어)

표어가 된 사직서
원작 | '작은 변화' (경기 안양시 만안구 안양3동 김영훈 씨 실화)
애니메이션 | 이주희, 김휘(아트플러스엠)

딸을 위한 마라톤
원작 | '딸을 위하여 42.195km' (경기 구리시 교문동 김호규 씨 실화)
애니메이션 | 서양원, 이미영(짜박)

아름다운 수다
원작 | '아름다운 수다' (경북 포항시 남구 대잠동 김정용 씨 실화)
애니메이션 | 강민경(짜박)

TV동화 행복한세상·7

1판 1쇄 발행 2008년 12월 18일
2판 1쇄 발행 2011년 1월 10일
2판 3쇄 발행 2020년 10월 10일

기획·구성 박인식
펴낸이 김성구

주간 이동은
콘텐츠사업본부 고혁 현미나 송은하 김초록
디자인 이영민
제 작 신태섭
전략마케팅본부 최윤호 나길훈 이서윤 김지원
관 리 노신영

펴낸곳 (주)샘터사
등 록 2001년 10월 15일 제1-2923호
주 소 서울시 종로구 창경궁로35길 26 2층 (03076)
전 화 02-763-8965(콘텐츠사업본부) 02-763-8966(전략마케팅본부)
팩 스 02-3672-1873 이메일 book@isamtoh.com 홈페이지 www.isamtoh.com

ⓒ KBS 한국방송, 2002, Printed in Korea.

이 책은 저작권법에 따라 보호를 받는 저작물이므로 무단 전재와 복제를 금지하며,
이 책의 내용의 전부 또는 일부를 이용하려면 반드시 저작권자와 (주)샘터사의 서면 동의를 받아야 합니다.

ISBN 978-89-464-1801-1 04810
ISBN 978-89-464-1794-6 04810(세트)

이 도서의 국립중앙도서관 출판시도서목록(CIP)은 서지정보유통지원시스템 홈페이지(http://seoji.nl.go.kr)와
국가자료공동목록시스템(http://www.nl.go.kr/kolisnet)에서 이용하실 수 있습니다. (CIP제어번호:CIP2011000094)

값은 뒤표지에 있습니다.
잘못 만들어진 책은 구입처에서 교환해 드립니다.